ポジティブ恋愛診療室

恋のクスリ。

haruno rei
春乃れい

廣済堂出版

まえがき

この本を書きながら、これまでいったい、いくつの恋をしてきたのかなあ……と考えた。

「これ以上の恋なんてない」

「これがあたしの最後の恋になるような気がする」

なんて思ってた恋のあとに、自分のこれまでの価値観をすべてくつがえすような大きな恋をしたこともあるし、

「この恋はきっと短いな」

なんて軽く構えていた恋が、日を追うごとになくしたくない恋になったり。恋ってほんとにわからない。


高身長、高学歴、高収入、高級車。

条件で〝恋する相手〟を探していた頃は、相手の彼のことなんてちっとも愛していなかったように思う。当時のあたし

が愛していたのは、自分。女友達からうらやましがられる自分だけを愛してた。皆にうらやましがられる恋人を持つことがステイタスで、そんな彼と付き合っている自分は『価値が高い』と信じて疑わなかった——超デブリンピックな彼とお付き合いをするまでは。

「ご実家がウルトラ級のお金持ち」ということ以外は、まるで好みの要素がないスーパー脂肪体な彼とお付き合いをして、あたしは変わった。

まるでタイプでない顔も、季節に関係なく1年中かいている大量の汗も、慣れたからでは決してなく、いつの間にか愛しく思えてきた。イイ物は着ているけれどオシャレには程遠いファッションセンスも、これも彼の個性の1つなんだと思ったら、どうでもよくなってきた。

条件という色眼鏡で相手を見なくなったら、本質だけに目がいくようになった。人の本質を見られるようになったら、あたしという人間の愚かさや、足りない点に気がついた。あたしの愚かさや足りない点を正し、補ってくれたのは、理想の条件にはまったく当てはまらない肥満体な彼だった。

男や恋愛は、虚栄心を満たすためのブランド品じゃない。

贅肉《ぜいにく》をタプンタプンに揺らしながら（?）、それを教えてくれた元カレに感謝。

彼がそれに気づかせてくれなかったら、あたしは今も、肩書きや年収で男を判断する、チープな女のままやったと思うから。

現在肥満進行中　春乃れぃ

ブックデザイン＊こやまたかこ
カバーイラスト＊福田さかえ
制作＊長尾義弘（ＮＥＯ企画）

恋のクスリ。

目次

Chapter 1

失恋で、悩んでいるあなたへ

Chapter 2

彼氏ができないと、落ち込んでいるあなたへ

Chapter 3

自分に自信がなく、臆病になっているあなたへ

Chapter 4

恋をしているのに、不安でたまらないあなたへ

Chapter 5

結婚に、悩んでいるあなたへ

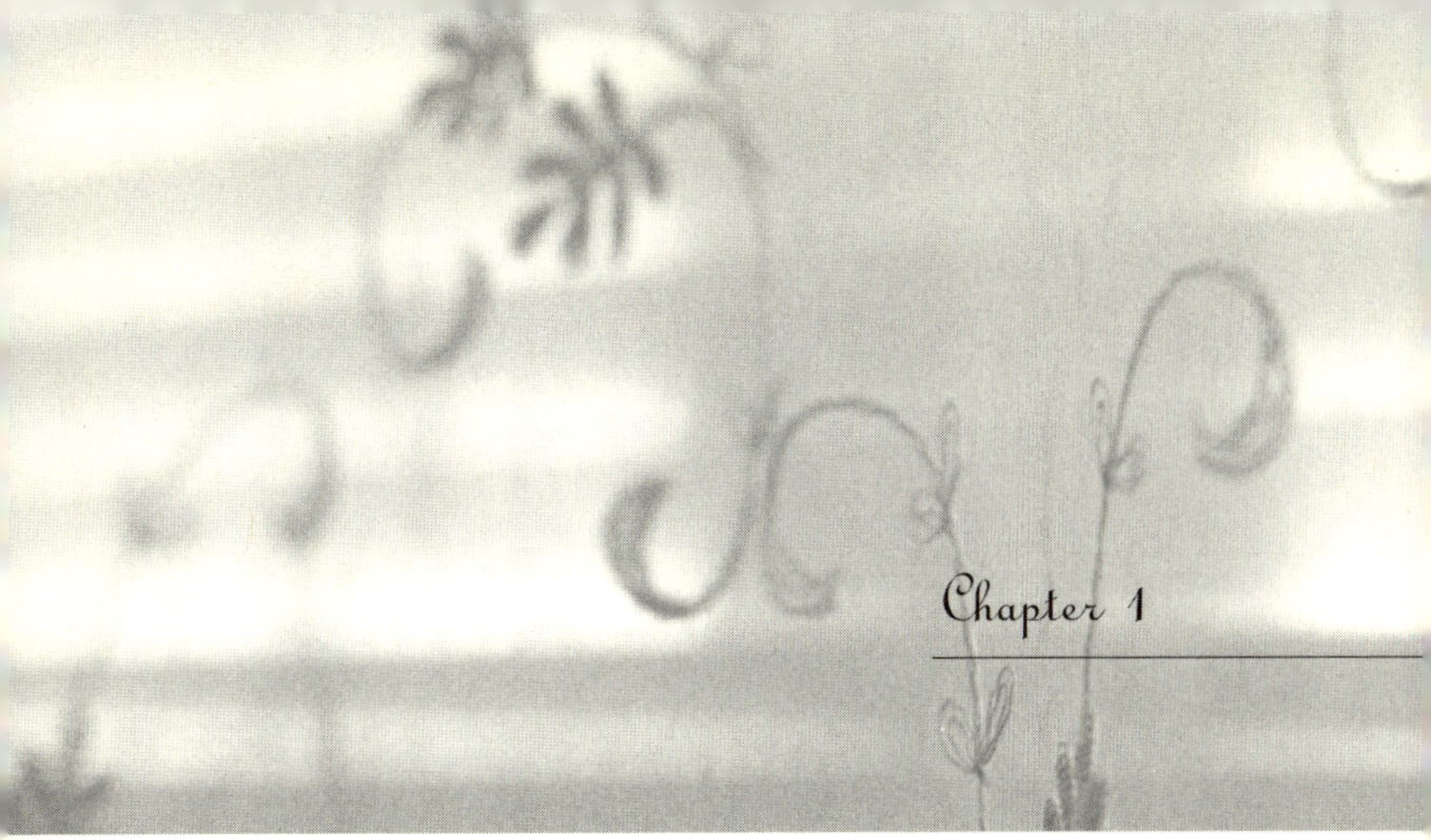

Chapter 1

失恋で、悩んでいるあなたへ

忘れなくていい

「忘れられない」なら、忘れなくていいやん。忘れる必要なんかないやん。

いつか自然に思い出に変わるまで、ずっと忘れられなくたっていいやんか。

そもそもなんで「忘れようとする」んか、あたしにはよーわからんわ。

ツライから？　切ないから？　悲しいから？　サミシイから？　新しい恋に踏み込めないから？

一生懸命に恋した証《あかし》が「忘れられない」という形になっただけのこと。

ムリして忘れる必要も、忘れるために自分をごまかす必要もないんちゃうのん。

忘れようとするから、苦しいんやろ？

忘れなきゃいけないと思うから、苦しいんやろ？

忘れんでええやん。記憶にフタなんかしなくてええやん。

泣いて泣いてまた泣いて、泣いては彼を思い出し、思い出してはまた泣いて。

それでもまだまだたりへん、もっと泣け。もっともっと泣け。もっともっともっと泣け。

いつまでもいつまでもグダグダウジウジしてるより、声をあげて、床を叩きながら、のた打ち回って泣いたらいいねん。

だって、そのぐらい真剣に恋をしてたんやろ?

泣き疲れて眠れる日が来たら、その恋が思い出になる日はきっと近い。

「忘れられない」を「思い出」という形に『昇華《しょうか》』させるためにも、まだまだ泣かなあかんと思う。

人間は、時間の経過に伴《ともな》って辛かったこと、悲しかったこと、苦しかったことを徐々に忘れるようにできている。

だからみんな、言うやん？
「あの頃は良かった」って。
あの頃にもきっと悲しい出来事はあったはずやのにな。
だから、無理して忘れようとしなくていい。
気が付いた時には、少しだけほろ苦い思い出に変わってるよ。

悲劇のヒロインもいいけれど……

「私だけが世界で一番かわいそう」

まず、そんなことはありえへんねんけど、たまには悲劇のヒロインになってみるのもええと思う。

ただし、周りの人や友達に「私って世界で一番かわいそうでしょ？　だから優しくして」などのアピールをするのはタブー。悲劇のヒロインアピールには、犬さえ同情せーへんよ。同情が欲しくて悲劇のヒロインになるんなら、やめな、やめな。そんな無駄なこと。悲劇のヒロインになるのなら、決して他人を巻き込まない。自分だけの世界に、自分ひとりで悲しみにどっぷり浸かること。これ鉄則。

ユーミンを聞くもよし。中島みゆきを唄い上げるもよし。aikoを聞いてさめざめ泣くもよし。春乃れぃにメールを送って、傷口に練り辛子をすり込まれるもよし。

「何がダメだったんだろう？」

「どうして恋は終わってしまったんだろう?」

「どうして私だけが世界で一番かわいそうなんだろう?」

悲しみのなかで湧き上がってくるいくつもの『どうして』に、自分で答えを出していく。

それこそが次につながる道しるべやと思うから〝一時的な〟悲劇のヒロインになることも悪くない。

でも、ここで自分で答えを出さず、恨みつらみや泣いてすがることばかりに忙しい女は、それだからまた同じような恋をして、同じような終わりを迎えて、同じように泣く。

悲劇のヒロインになるのなら、覚悟が必要。

なぜなら『どうしてこうなったんだろう?』に対する答えはきっと、ココロに厳しいものやから。

自分ばかりを責めてどーすんの

失恋をすると、自分を責めてしまいがち。

「あの時もっと彼に優しくしていたら……」

「もっとかわいく生まれていたら、きっとフラれなかった……」

そんなに自分を責める必要はないと思う。

恋が始まるきっかけがいくつもあるように、恋が終わる理由も同じだけある。

恋は2人でするもの、愛は2人で育てるもの。片方だけに原因があって終わる恋なんて、まずないわ。

「彼が一方的に悪い」「私が一方的に悪い」――んなわけないやん。ちゃんちゃらおかしー。

恋が「愛」に変わって、愛が「家族」に形を変える過程には、2人の間だけじゃどうにもならない問題だって発生する。そこには「愛」だけじゃどうしようもないことだってある。

それに対して「私のすべてが悪い」「私が全部悪かった」な

んて、自分を責めてたら病気になってしまう。

だから責める必要なんかない。責める時間があるなら、考えればいい。

振られた理由が明確なら、どう改善すべきなのか。

「もっとかわいく生まれていたら、きっと振られなかった……」んなことはない。世の中のかわいくてキレイな女の子たちが、ハッピーでラッキーでクッキー（？）な恋愛ばかりしてるなんてことがあるわけない。

自分を責めたって、そこからは何も生まれへん。

だけど、考えること、反省することからは、必ず『何か』が生まれる。

「考えない」「反省しない」のままじゃ、成長もしない。責めることなんかいつでもできる。でも、自分に真正面から向き合って、考えたり、反省することは何かのきっかけがないとなかなかできない。せっかくの機会から目をそらして、責めることばかりを繰り返してるから、いつまでたっても恋愛偏差値が上がらへんねん。

『何か』を見つけるためにも、必要以上に自分を責めたらあかん。もちろん、同じように彼ばかり責めるのもあかん。喧《けん》嘩《か》も別れも両成敗。どっちも悪い。どっちにも原因がある。愛だけじゃ、どーにもならないこともある。

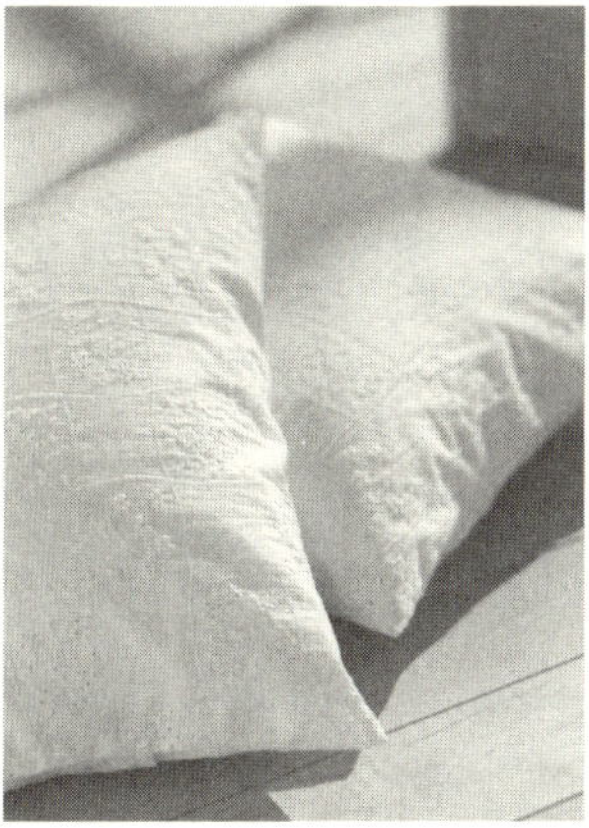

たくさんの味方がいることを忘れてない？

失恋をすると「ひとりぼっち」になったような気がするけど、んなアホな。んなことナイナイ。あるわけない。

友達、親、姉妹、お世話になった学校の先生、そしてあたし（?）、あなたの味方はたくさんいる。

恋に夢中になっていたあまりに、無沙汰《ぶさた》をしていた。だから今さら連絡が取りづらい――だとしたら、まずは無沙汰をしていたことを謝ればいい。

人によって、そして関係の密接さによって、かけてくれるアドバイスや慰めの言葉が異なるのは当たり前。

まずはそのすべてを受け入れて、自分の成長の「肥やし」にする。そして、時間を作って話を聞いてくれたことに感謝する。この意見は参考にする、この意見は参考にできないと振るいにかけるのは後でいい。

「私には味方がいる」「私はひとりぼっちじゃない」と確認す

ることは大切なことやと思う。

「助けて欲しい」「聞いて欲しい」とヘルプを求めることも同じように大切やと思う。

弱音を吐くこと、涙を見せることは恥ずかしいことじゃない。ひとりでは何をどうすればいいのかわからなくても、親友の助言があれば乗り切れるかもしれない。苦しい恋をきっと過去に味わっているであろうお母さんなら、ココロに受けた傷を癒す薬を持っているかもしれない。

ひとりじゃ立てない時は、誰かの手を借りればいい。ひとりじゃ歩けない時は、誰かに足になってもらえばいい。彼以外にも、あなたの味方は大勢いることを思い出して。だけど味方は味方。依存していいわけじゃない。

相手には相手の生活があって、都合した時間をあなたに割いてくれていることを忘れたらあかん。それを考えず、彼氏に依存していた分をそのまま友達にぶつけてしまったら、恋と友達、両方を失ってしまうことになる。

焦る必要ない

「まだ引きずってるんです、もう半年も経つのに」とか、「まだ忘れられないんです、もう1年も経つのに」とかさ、なんやそれ。半年経ったのに？　1年も経ったのに？　1年もすぎたんだから忘れなくちゃ、とか、そんなルールないやろ？

「まだ引きずってるんです」「まだ忘れられないんです」って言うてたって何も変わらへん。

なんのために恋を失ったん？　結果には必ず原因や理由があるんやで。それを見つけようとしなければ、その失恋はほんまに意味のないものになってしまう。

自分に足りなかったのはどこやろ、って。

永遠に続くと信じていた恋が終わったのはなんでやろ、って。

いつもいつも短いサイクルで恋が幕を閉じてしまうのは何

が原因なんやろ、って、焦る時間があるんやったら、考えようよ。

＊依存しすぎてなかった？

依存しすぎる、愛しすぎる、甘えすぎる。

「すぎてしまう人」は、自分のことしか見えてない。

相手のことなんてコレっぽっちも見ていないから、過剰が重荷になっていることに気付かない。

＊束縛しすぎてなかった？

これも同じ。相手のことを見ていないから、束縛を愛だと錯覚して相手を苦しめる。

強すぎる束縛をしてしまう人は自分に自信がないから、束縛してしまうんでしょ。

束縛に応えてくれることが愛で、応えてくれないのは愛がナイなんて、恋愛はママゴトじゃねーっつーの。

だからまずは自信を持てる自分作りをしたらいいと思うよ。

なんでもいい。何か1つでいいから、克服や成功をしてみることから始めようぜ。

＊イイコを演じてなかった？

恋愛にイイコやイイ人は必要ないよ。

自分の意思で「素直になること」と、嫌われたくないから「素直でいること」は似ているようで全然違う。

そこを勘違いしてムリしてイイコを演じたって、あなたは疲れる、彼も疲れる。そりゃ、恋も停止するわ。

＊嫌われるはずがないと、女磨きをサボってなかった？

まずは、足のかかとのケアから始めましょう。↑あたしは、足のかかとツルツル教の教祖です。

それはさておき、人は飽きる生き物だし、輝きは磨き続けないと〝クスむ〟。

「飽き」や「慣れ」の上にクスミが重なったジュエリー。あなたなら、他の真新しい輝いたものを探しませんか？　目移りしませんか？　自分ならどうするかを考えれば、磨き続けないことがどれだけ怖いことかがわかるはず。

焦って、忘れようとする。

焦って、新しい恋を探そうとする。

その前に、考えなければならないこと、しなければならないことは、きっと山積み。

悲しみをごまかしてはいけない

「悲しくないふり」なんか、しなくていい。悲しい時は悲しんでいい。人間には誰にでも感情ってものがあって、悲しい時は悲しむようにできてるんやから、それをごまかそうとなんてしなくていい。

張るべきところで意地を張ることと、自分の感情をごまかしてまで意地を張ることはまったくの別もの。笑う門には確かに福が来るかもしれへんけど、それは悲しみを少しだけ通りすぎてからでも遅くないと思う。

「ツライ時こそ笑え」って思わないわけじゃないけれど、顔の筋肉が全力で笑うことを拒否してるなら、笑わずに泣いた方がいい。

若い頃、というよりもセーラー服が似合っていた頃、当時付き合っていた2つ上の彼氏が事故で還《かえ》らぬ人になった。振られたわけでもない。振ったわけでもない。だけど、あたしは恋を、その時世界で一番大切にしていた恋を、失った。

何を食べても味がない。何を見ても感情が動かない。視界に入るものすべてが灰色で、何もココロに響かない日が続いた。それからしばらくして、あとを追うこともできない自分を情けないと思ったあたしは、「彼じゃなければ誰でも同じ」だと好きでもなんでもない、知り合ったばかりの男と寝た。来る日も来る日も、好きでもない男たちと寝ることを繰り返した。

悲しい、寂しい、彼に会いたい——当たり前の気持ちをごまかして「彼じゃなければ誰でも同じ」と、わかったようなふりをして、自分にウソを吐き続けた。

アホやったなと思う。弱かったなと思う。

気持ちをごまかして、自分自身にウソを吐き続けて得たものは、勲章《くんしょう》にもならない体験人数。

だから思う。

悲しみをごまかすことだけは、したらアカンって。

自分自身をごまかすだけの力が残ってるんなら、その力は這《は》い上がることに使う方がいい。

這い上がるためには、とことん悲しむ。究極に悲しむ。落ちるところまで落ちる。「底辺」まで落ちたら、あとは這い上がるしか道はないから。その方が悲しみをごまかすよりも、たぶん百倍カッコイイ。

思い出の品の取扱い

指輪、ピアス、ネックレス、２人で行った旅行の写真や、第二ボタン（古い？）。

恋愛には感情や思い出の他に、形として残るものがたくさんある。

思い出の品を「捨てない」から忘れられないわけじゃないし、「捨てた」からといって忘れられるわけじゃない。

確かに、彼からもらった指輪を久しぶりに指にはめれば、涙があふれ出たりする。

楽しそうに笑う２人が写る写真を見れば、強くなりかけてたココロが脆《あやう》くなったりもする。

それじゃダメだと思うなら、自分の意思で捨てればいいと思う。

だけど、別に「捨てる、捨てない」にこだわる必要はないんちゃうかなって。

ちなみにあたしは〝基本的に〟捨てる派です。

捨てたって思い出が消えるわけじゃない。〝思い〟が消えるわけじゃない。

街を歩いているとき、ふと吹いてきた風の匂いが、記憶をよみがえらせることもある。

どこかのお店から流れてきたBGMが、あの頃の2人を思い出させることもある。

思い出の品を捨てなくても、たぶん『昇華』させることができたであろう、昔の彼との記憶。

それでもあたしが捨てることを選ぶのは、新しい恋人に失礼——というより、自分のため。

〝新しいあたし〟として、スタートを切ったあたしのため。

捨てる、捨てないは個人の自由。捨てたからって忘れられるもんじゃないし。

でもさ、好きな気持ちは進行形でも、その恋はもう終わったんやで?
思い出の品を捨てる必要はないにせよ、すがることからは卒業した方がいい。

逃がした魚は大きく見える

逃がした魚は実寸よりも大きく見えて当たり前。
去ってしまった男が実際よりも優しく、すばらしく、世界一に見えるのもそれと同じ。
それなのに、
「彼ほど優しい人はもう現れない」
「彼ほど私を愛してくれる人は2度と現れない」
なんてさ、世界中の男を渡り歩いてから言えよ、みたいな。
去ってしまった彼以上に優しい男はいる。
去ってしまった彼以上に愛してくれる男は必ずいる。
まだ出会えていないだけ、まだ見つけられていないだけの話。
忘れる必要はない。好きな気持ちに無理やりフタをする必要もない。
だけど、恋は終わったんやろ？

彼は別の道を歩き始めたんやろ？

逃がした魚を悔しがり続けて、あなただけが一時停止したままでどないすんの？

去ってしまった彼の残像にしがみついてても、何も生まれへん。

自暴自棄《じぼうじき》になってもいいやん。悲劇のヒロインになってもいいやん。

どんな形ででもいいから、動き始めんと何も変わらん。何も進まへん。

逃がした魚は大きく見える。誰だってそう、あたしだってもちろん同じ。

でもさ、魚が逃げたのには理由がある。彼が去ってしまったことにも理由があるんやで。

その理由に真正面から向き合うことを避けて、〝すぎていった彼〟の大きさを、いつまでも恋しがってどうするん？

成長せんとあかんやろ。**今が変わるチャンス**やろ。

残像を祭り上げるより、もう2度と同じような別れを繰り返さないよう、もう2度と同じ悲しみを味わわないよう、終わった恋からいろんなことを学ばんとあかんのんちゃうの？　そのための「別れ」なんじゃないの？

「彼より優しくて、愛してくれる人がいた」。だから、みんな何回も恋をしてるんやで。

あなただってそう。2度と恋をしないはずなんてないんやから。

大好きだった彼がくれた最後のチャンスやろ。無駄にしたらあかん。

出会ったことを後悔するな

「こんなふうに振られるんなら、出会わなければよかった」

「どうせ別れることになるんなら、出会わなければよかった」

とかね？　意味わからんから、ほんま。

そんなこと本心からは思ってないやろ？　じゃ、言うな。思うな。失礼やわ。相手の彼にも、その恋愛に関わったすべての人にも、そして自分自身にも。出会わない方がよいような出会いが、この世に存在するとは思えない。

笑いあった日、声を聞くだけで胸が震えた日、彼を思うだけでココロが満たされた日が、ぜったいにあったはず。

そのすべてを「出会わなければよかった」ってな安いセリフで、片づけたふりをするつもり？

強がりはね、強がるべきところで使うのが正しい使い方。

「こんなふうに振られるんなら、出会わなければよかった」は、強がりでもなんでもない。

史上最高にダッサい、負け犬の遠吠えやわ。

悲しみはわかるよ、苦しい気持ちも腹立たしい思いもわかる。だけど、仕方ないやん。

出会って、恋をして、抱き合って、食い違って、喧嘩して、修正がきかなくなって、恋が幕を閉じてしまったんやから。

でもその過程には、後悔することばっかりじゃなかったやろ？　楽しいとか嬉しいとか温かさとか、得たものの方が、後悔よりも断然多いはずやで？

だとしたら言ったらあかんわ、思ってもあかんわ。

「どうせ別れることになるんなら、出会わなければよかった」なんて。

彼が『あなたを愛したことを後悔するようなこと』を、言うのはあかんよ。

だって、彼に出会えてほんまはよかったやろ？

仕返しすれば満足？

もてあそばれて捨てられた。

さんざん貢いだのに他の娘のところに行った。

あれだけ尽くしたのに「重いんだよ」って逃げられた。

このままじゃ納得いかないから、仕返ししてやる！

——でもその前に、なんでワタシフラレタンダロウ？


そんな性格だからでしょ。


もてあそばれてるだけかもしれないと、頭のどこかで思ってなかった？

貢ぎ続けている最中、空しい、こんなのオカシイってココロのどこかで感じてなかった？

「好きで尽くしているんだから」と言いながら、尽くした分だけの見返りを求めていなかった？

当てはまるところがあるんなら、その仕返しに意味はないよ。

スッキリしたとしてもそれは一瞬。だって、今でも好きだから憎いんやろ？

男は愛すべきバカだから、「ずいぶん前に別れた彼女だけど、たぶんアイツは今でも俺のことを好きに違いない」って、妙な思い込みを抱いて生きているケースが多い。

だとしたら1番の仕返しは、幸せになることちゃうの？

新しい彼氏とでもいい、恋愛に関係のないところででもいい。

その頃とは比べ物にならないぐらいに幸せでいること。

これが最大にして最強の仕返しやと思うんやけど、どうやろ。どう思う？

「それでも仕返ししなきゃ、腹の虫がおさまらない」と言うのなら、思うどおりにやればいい。

でも仕返しをした時点で、あなたは自分の成長を止めてしまうことになる。

そしてきっとこれからも、これまでと変わりない恋を繰り返し、これまでと同じようにもてあそばれたり、貢いだり、見返りを求めて尽くし続ける。そしてまた同じように仕返しをして、愛じゃなく「憎悪」ばかりをカラダの中に溜めていく。

それでもいいなら、思う存分に仕返しをしたらええんちゃうかな。

鳴らない電話を待っても仕方ない

ひとつイイコト教えてあげる。

「残念ながら待ってる間は、その電話、鳴らへんよ」

というよりも、振ったくせにすぐに連絡をよこしてくるような男やったら別れてよかったやん。別れて日が浅いうちに電話をかけてくるような男なんか別れて正解やん。

『もう戻れないのに』——「大丈夫かな、と思って」「ご飯、ちゃんと食べてるか？」とか言って電話してくる男なんかカスやろ。優しくもなんともない。

彼女が、電話を切った後にどのくらい寂しい気持ちになるかなんて、まるで考えてないんやから。優しさをはき違えてる男なんか、別れて正解。

自分から振ったくせに、人恋しさで「元気でやってるか？」

とか言って、日の浅いうちに電話をしてくる男も同じ。

元気なわけないやん。「元気じゃない」って答えたら何かしてくれんの？「寂しい」って言ったら抱きしめに来てくれるわけ？

何もできないくせに〝もう1度彼女を振るような〟電話をしてくるような男なんか、サイテーサイアクやん。

だから、鳴らない電話を待ったらあかん。

わたしが愛した男は、中途半端な気持ちや人恋しさで電話をかけてくるような男じゃない。本当の意味で優しい人で、本当にわたしを愛してくれていたんだと、電話が鳴らないことに喜ぶべきやと思うで。

「別れたけど、今でもわたしのことを思ってるから電話をしてくれたんだ」は間違いやわ。

本当にあなたのことを愛していたなら、軽々しく電話をして、余計に傷つけることなんてできへんよ。
別れてから日が浅いうちに電話をかけてこないような彼で、よかったやん。
めっちゃええ男と、めっちゃええ恋愛をしてきたんやと思うで。

「あの日の約束」は あの日の約束

「ずっと一緒にいようねって指きりしたのに、あれはウソだったの？」

当時付き合っていた彼女に、別れ話の最中、泣きながら責められたことがあります。あ、そうそう。あたしはバイセクシャルなので、男女両方とお付き合いをさせていただいた経験があるんですよ。

あの日の約束は、あの日の約束。

その時は、本当にそう思ったから約束した。

だからそれを責められると、マジでツライ。だってウソを吐いたわけじゃない。

たまたま約束とは別の結果が出てしまっただけ。

結果が伴わなかったことをウソだと責めるなら、そんなの都合のイイ言い訳だと責めるなら、聞いてみたい。

「ずっと一緒に居続けるために、あなたは何を努力したの？」

約束を〝永遠〟だと思い込んで、愛され続けるための努力を怠ったのは誰？

約束を〝一生安心の保険〟だと勘違いして、女を磨き続ける努力をさぼったのは誰？

人の気持ちをがんじがらめに拘束することなんて、できるわけがない。

それをわからず約束の上にあぐらをかいて、なまくらこいてたくせに、何が「あの日の約束はウソだったの？」じゃ、ふざけんな。

『その日の約束はその日の約束』

永遠のものでもなければ、ゴールでもない。

「『いつか結婚しようね』って言ったじゃない」「絶対に別れないって言ったじゃない」と彼を責める前に、その約束に〝依存〟しすぎていなかったかを振り返った方がいい。そして〝始まり〟にしかすぎない約束に、依存しすぎたことを反省した方がいい。
だってその方が、もう2度と同じミスをおかさなくてすむやろ?

尽くすことと愛することの違い

「こんなに尽くしたのに」とか言ってる女が嫌いです。

バイセクシャルなあたしも、過去に付き合っていた女の子たちから何度か言われたことがあります。

「こんなに尽くしたのに」

――尽くした〝のに〟って、なんなんだ？

こんなに尽くしたのに、ワタシを捨てるなんて……ってこと？

こんなに尽くしたのに、他の人に心を向けるなんて……ってこと？

こんなに尽くしたのに、尽くした分だけ愛を返してくれないなんて……って言いたいの？

尽くすことと愛することを間違っててんじゃねーよ、みたいな。

純粋に「彼が喜んでくれると思ってしたこと」なら、それに見返りを求めるのはおかしいやろ。

＊＊＊

電信柱の下に、雨に濡れて捨てられている子猫がいました。

かわいそうに思ったワタシは、子猫を家に連れて帰り、体を拭いてやり、ミルクをあげました。

＊＊＊

子猫に見返りを求めて助けたわけじゃないでしょ？　純粋な気持ちからした行為でしょ？　元気になった子猫がどこかへ姿を消しても「あんなに尽くしてやったのに。助けた恩を忘れやがって」なんて思わないでしょ？　これが『愛』やと思う。

自分が好きでやったことに対して、見返りを求めるのは正しくない。

気持ちはわからなくもないけれど、やっぱり正しくはないんだよ。

同様に「こんなに貢いだのに、よくも裏切ったな！」なんて言う男や女も間違ってる。相手の気持ちをお金で動かそうという気持ちが多少なりともあったくせに、「貢いだのに裏切った」なんて、よくもまぁ言えるもんだよ。文句言うなら、自分に言えよ。お金と引き換えに愛を得ようとした自分に、「あんなに貢いで馬鹿だよな」って言え。

愛はね、一緒に育てるものなんですよ。

一方的に尽くすことじゃない。ましてや、見返りを求めるものなんかで、あるはずがない。

尽くすことで愛を得ようとするなんて、愚かの極み。

尽くすことで愛をつなぎ止めようとするなんて、愚の骨頂。

見返りが欲しいの？　それとも愛が欲しいの？　尽くすことと愛することは、まったくの別物やで？

Chapter 2

彼氏ができないと、落ち込んでいるあなたへ

出会いが少ないってほんま？

これまで生きてきて、出会いが少ないと感じたことは1回もない。

「会社と家の往復で、出会いを探せってな方が難しい」

「この歳になると周囲はみんな結婚してるから、紹介してくれる友達もいない」

ってな声をよく聞くけれど、「確かにねえ」とは頷《うなず》けない。

あたしの周りにも「出会いがない、出会いがない」と口癖のように言ってる友達がいるけれど、彼女たちを見てるといつも思う。

「あんたら、選《よ》り好みしてるやん！」って。

だけどそんなあたしに、彼女たちは口をそろえて言い返す。

「選り好みなんかしてないわよ。ほんとーに出会いがないの！」

いーや、選り好みしてるやろ。

出会いが欲しい、だけど誰でもよいわけじゃない。

出会いが欲しい、だけど今さら〝賭け〟には出たくない。

出会いが欲しい、だけど条件に合わない人で妥協するのはイヤ。

学歴、職歴、勤め先、身長に家柄、安定職、その他もろもろ、モロ師岡《もろおか》（？）。――そりゃあ、すべての条件を満たす男との出会いは少なくて当たり前。だけど、数多い条件の中の「ひとつ」を満たす男となら、絶対に出会ってるはず。その「ひとつ」を無視して『条件ばかり』で出会いを探すから、本当の良縁を見つけ出せないでいるだけ。

それを「出会いがない」「イイ男がいない」なんて笑わせる。イイ男になる素質を持った男を探せないでいるくせに、なにが「最近、イイ男が減った」だよ。

なにが「出会いが少ない」だよ。あんたに見る目がないだけの話だろ。

どんな小さな出会いにも、あたしは意味があると思ってる。見すごしてしまいそうな小さな出会いを大切にするか、しないかですべてが変わると思ってる。

出会いが少ないって、ほんま？

目の前の出会いを見ようとしないで、通りすぎてるだけじゃなくて？

理想どおりの人となら理想の恋ができる？

理想の恋って、なーんだ。

誰もがうらやむような相思相愛の恋？

誰もが悔しがるような人気芸能人とのスキャンダラスな恋？

誰もが嫉妬するような大金持ちのイケメンとのセレブな恋？

理想を持つことはステキなことやと思います。

でも、夢を叶えるにも動かなきゃ始まらないのと同じで、理想ばっか追いかけてても〝空《くう》〟しか掴《つか》めない。

関係のない話ですが、あたしはこれまで「君は俺の理想どおりの人だ！」なんて、ただの1度も言われたことがない。「君みたいなタイプの女は大嫌いだった……のに」と言われることが圧倒的に多い。圧倒的に？　いや、全員か？　失敬な！

——それでも楽しく恋愛を繰り返してきましたし、今もステキな恋をしています。

上を見ればキリがないのと同じで、理想を上げればキリがない。

その昔、まだまだ恋愛経験値が低かった頃、理想だけを追いかけていたあたしは、当時抱いていた理想にほぼ近い男性とお付き合いすることができました。最初は楽しかったねぇ。「こーんなにステキな人の彼女であるあたしって、世界一ラッキーなんじゃねーの？」って思ってた。行くお店はすべてハイクラス。泊まるホテルの部屋もハイクラス。彼のお友達も皆ハイクラス。

でも1ヶ月をすぎた頃、そんな暮らしに飽きてきた。

たまにはファミレスのドリンクバーでベラベラとくだらない話をしたいし、金曜の夜と土曜の夜はクラブで朝まで踊りまくりたいし、小さなベッドで彼のお腹の上に足をのっけて眠るような、狭苦しいけど楽しい夜をすごしたくなった。

そう告げたあたしに、彼は付き合ってくれた。だけどやっぱりギコチナイの、お互いに。彼はそういう生活が不慣れだし、あたしは無理して付き合ってくれている彼を見ているのがしんどかった。

これはあくまでもあたしの経験でしかないけれど、理想の人とだからって、理想の恋ができるとは限らない。それにこちらが描いた理想と別のことを彼がすると、無性に腹が立つんだよね。

ちょっと足を滑らしただけで、「そこで滑るか？」とか思ってしもて。あたしの理想の彼は、そんなところでいちいち滑らないんだよ、みたいな。最初が１００点やから、あとは減点式になってまうんやろね。

「こんなはずじゃなかった」——そう、これだ、これ。

自分の失敗から思う。理想はあくまでも理想。理想を抱くことはちっとも悪いことなんかじゃない。だけど描いた理想と違う部分を、「許せない」「こんなはずじゃない」と思ってしまうことは悪いことだと。

いくつもの恋をしてわかったこと。それは『理想と現実は違う』とかってことじゃない。互いを知っていくうちに、気がつくと彼がワタシの理想の人になっている——というのが、あたしの理想の恋なんだってこと。

記念日用の恋人なんて虚しいだけやで

これまでに1度だけ、恋人とすごさないロンリークリスマスを味わったことがあります。パジャマ姿でね、眉毛も描かずにね、ラジオからはクリスマスっぽい音楽が流れてきているというのに、あたしの周りには女・女・女。それぞれに恋人や夫がいる女たちだけで迎えた聖夜。

——悪いことをして捕まった女たちと、拘置所ですごしたクリスマスイブ。

そんな経験をしているので(?)、愛しい人とすごす記念日のすばらしさは痛いくらいにわかっているつもりです。だからこそ思う。記念日のために、記念日をひとり寂しくすごしたくないという気持ちだけで「即席の恋人」を作ったって、逆に虚しいだけ。

『ワタシが生まれた日』や『クリスマスイブ』などの年に1度しか訪れない大切な日だからこそ、本当に大切な人とすごして欲しい。「生まれてきてくれてありがとう」。心からそう思って祝ってくれる人とすごすお誕生日やから、〝ハッピーバースデー〟なんじゃないんかなあ。

『恋人たちの記念日』と呼ばれるイベントデーは、少なくない。

「これ、彼からもらった指輪なの」「どこそこのブランドの限定バッグをプレゼントしてもらったの」――ワタシはこんなに愛されているんだと、女友達に自慢したい。

「記念日なのに女友達とすごしてるの？」「ひとりで寂しくすごしたの？」――哀れんだ顔で同情されることを考えたら、ゾッとしてしまう。だから誰でもいいから……って。

なんじゃ、そりゃ。

ほんまに寂しいのは、ひとりですごすことを怖がったり恥ずかしがったりする、その考え方じゃないの？

ほんまにゾッとしてしまうのは〝イベントのために〟、即席の恋人を見つけようとする、その行為じゃないの？

恥ずかしいから？　寂しいから？　ひとりじゃ虚しいから？

あの娘モテないんだ、って思われたくないから？

いい歳こいて、彼氏のひとりもいないなんて思われたくないから？

もうさー、そんなことのために〝記念日用の恋人〟が欲しいなんて考えは、ぼちぼちやめようぜ。

ダッサいだけやって。サップいだけやって。ショッボいだけやってば。

今年がダメなら来年でええやん。来年がダメなら再来年でええやん。

ほんまの意味で最高に幸せな記念日をすごせる日がくるま

で、自分を磨き続ければええやん。
出会いがない？　見つければええやん。
イイ男がいない？　育てればええやん。
ワタシなんか、どうせ無理？　誰がそんなこと決めたんよ。
意味わからんで。
ほんまに好きな男とすごす記念日は、最高の宝物。
せやけど、さほど好きでもない男とすごす記念日は、あとに虚しさが残るだけ。
誰のための記念日なん？
女友達に「ええかっこ」するために、記念日はあるわけじゃないで？
あなたが最高にハッピーを感じるために、記念日はあるんやから。
一緒にすごす相手がインスタント・ラヴァーじゃなくて、

大好きな女友達でもええやんか。
「来年こそは、大好きな彼と！」――その野望で、今年を乗り切ろうや。

苦しくない片思いなんか
あるかいな

片思いは苦しいし、せつない。わかる、わかるよ。

両思いになっても〝片思い〟をしているのと変わらない恋だってあるもんな。

彼が他の女の子と話してる姿を見るだけで、胸が締め付けられるような思いがする。彼と目が合う回数が前日より減っただけで、もしかして嫌われてしまったのかもって、昨日の自分の言動を何度も何度も振り返る。

クルシイ・セツナイ・クルシイ・セツナイ。

でも、それが恋やねんな。それが片思いの醍醐《だいご》味《み》やと思うんよね。けれども、片思いの真っ只中にいる時は「これこそが恋の醍醐味！」なんて、思ってられへんねんけどな。心にちっとも余裕がないし。

高校3年生の時にね、およそ1年間、クラスメートの男の子に片思いをしてたことがある。頭の中はその彼のことで常にいっぱいやった。

その彼は、同じクラスになってすぐの頃、「一緒に帰ろう」って言ってきたの。

だけど、究極に照れ屋のあたしは、「あれ？　れぃと○○が一緒に帰ってるー！」って友人たちに冷やかされたのがたまらなくて「○○が一緒に帰りたいって言うからさー仕方なくさー」みたいなことを、大きな声で言うてしもてんなあ。そしたら彼が「おまえってほんまに最低なヤツやな」って。次の日から無視よ。完璧に嫌われたわよ。それやのに、あたしは彼への恋に落ちてしまった。こんなの初めての体験でさ。しかも「最低なヤツ」って言われて恋に落ちるなんて、あたしゃどんだけマゾなんだよ。

——で、ずうううううっと卒業式まで片思い。

だから、片思いのツラさは、本1冊書けるくらいによくわかる。

片思いは、ツラくてせつなくて、苦しいもんです。逆に言うと、それが片思い。

苦しくない片思いなんて、世の中どこを探したってあるわけないし、いくつになっても片思いはやっぱりせつない。

好きな人に思いが伝わらない、伝えられないのは、男女、恋の経験数に関係なくツラい。でも、そのツラい気持ちはね、味わえる時にたっぷり味わっとかんとダメな感情やと思うねん。だって、ココロの痛みを知らないまま育つと、他人を闇《やみ》雲《くも》に傷つけるダメなヤツになってしまうから。誰かの恋する気持ちを利用して、結果ズタズタに傷つけるような人になってしまうから。

だから、苦しくない片思いなんかないんよ。でも、その苦しさをを知ってるのと知らないのとでは大きな差やから、いっぱいせつなくなったらええと思う。人を好きになるのに時間がかかるあたしは、まだまだ片思いの経験が少ないから、人を傷つけてばかりの、ちっぽけな人間でございやす。

友達の彼を好きになってしまったら

他の本にも書いたし、同様の相談をされた時にもあたしは同じことを言っています。

友達の彼を好きになってしまった時は、その友達とその彼を〈秤《はかり》〉にかけて欲しい。

どちらへの気持ちが重いかを確かめるために秤にかけるのではなく、『どちらが一生ものか』『どちらが一生大切にしたいものなのか』を決めるために秤にかけるんです。

大げさな話、恋愛は50歳になっても60歳になってもできる。だけど、女友達は年齢が上がるにつれ減ってしまうことが多いとされている。それは結婚や子育てがあるから、どうしても疎遠《そえん》になってしまうから仕方のないこと。しようと思えばいつでもできる恋愛と、探そうと思ってもなかなか見つけられない本当の友達の、どちらを大切にしたいのか——それを三日三晩寝ずに考えて欲しい。

『恋はするものではなく、落ちるものだ』

これは、あたしが大好きな作家、江國香織さんの小説『東京タワー』が映画になった時のキャッチフレーズ。理屈抜きに〈落ちた恋〉を理屈で量るのは、もしかすると馬鹿げていることなのかもしれない。

だけど、あたしはアドバイスの方法を変えません。

「友情を失う覚悟で彼への思いを貫《つらぬ》け」とも言わないし「友達はほんまに大切なものやで」とも言わない。

〝今、大切なもの〟2つを同時に秤にかけて、悩んで悩んで悩んで、自分で答えを出して欲しい。

恋は理屈でするものではないけれど、一時の衝動だけで突っ走って、本当に大切なものを失っていいものでもないと思うから。

彼女のいる人ばかりを好きになってしまう理由

あたしの学生時代からの知り合いに、本命の彼女や妻のいる男ばかりを好きになる女の子がいる。

彼女は口癖のように「ワタシは愛人体質なの」と笑っているけれど、少なくともあたしの目には、彼女が幸せそうには映らない。

本命がいる相手を〈とりあえず〉落とすのは、一見ハンデがあるように見えて、じつはそう難しいことじゃない。「してはいけない」と頭ではわかっている〝タブー〟を犯すことは、とても刺激的で甘い蜜《みつ》の味がするから、バカな男はホイホイと近寄ってくるし、ずる賢い男は蜜だけを吸ってすぐに退散する。

そんな一見難易度が高く見えるけれど、じつはハードルの低い相手を落としてまで、彼女が得ようとしているのは、愛ではなくて『自己肯定』や『女としての価値』。

本命の彼女や妻がいる男を落とせたワタシには「良いところがたくさんある」「女としての魅力がたくさんある」とか、そういう部分を満たしたい彼女のような女は、少なくない数で存在している。

「落としたら興味がなくなった」なんて言ってる女も多くいるけれど、あたしは彼女たちもそんな女たちと同類だと思ってる。そんな彼女たちが欲しいのは、自信のなさや孤独感や虚無感を埋めてくれる『物事』。

本当は、本音の部分は、誰かに〝心底〟必要とされたり愛されたいけれど、そこにたどり着くまでに傷ついたり、悩んだりするのは怖い。

だから、本能的もしくは計算の上で――落としやすい男――を選んでいるだけにすぎない。その証拠に、彼女たちは本当にレベルの高いシングルのイイ男には近づかないし、近づけない。

「彼女のいる人ばかりを好きになっちゃうの」

「奥さんのいる人ばかりを好きになっちゃうの」

あたしには、彼女たちの声が『寂しい』『誰かに認めてもらいたい』と言っているように聞こえる。

他ならぬ自分が、誰かに〝本当に〟認められることから、逃げているだけのくせに。

Chapter 3

自分に自信がなく、
臆病になっている
あなたへ

自分を好きになる方法

自分を好きじゃない人は、本当は自分の嫌いな場所をよーく知ってる。

ただ、そこに目を向けると、今よりももっと自分を嫌いになってしまいそうだから、目を向けない、見ない、気づかないようにしているだけ。あたしもそうやった。自分の嫌いなところを、認めようとしてなかったもん。

自分を好きになる方法って、めっちゃ簡単。誰かを好きになった時に、「優しくしてくれたから」とか「親身になってくれたから」などの〈きっかけ〉があるように、自分を好きになるのも、それと同じ。

〝きっかけ〟を探すか、探さないか。

〝きっかけ〟を自分で作るか、作らないか。

自分を好きにならないと、誰かのことを『正しく愛する』

ことはでけへんよ。

だって、人は弱いから自分にないものを他人に求めすぎたり、依存しすぎたりしてしまう。

でもそれは共に育む愛じゃない。一方的にないものねだりをしているだけの「好き」やから、決して愛じゃない。

あたしが自分を好きになったのは、治らないと言われていたアトピーを完治させたのが〝きっかけ〟やった。やればできるやんか、って。あたしスゴイやんか、って。入院しても治らんかったのに、できたやんかって。めちゃめちゃ自分を好きになったし、大きな自信になった。

「ステキな友達ができた」。これもひとつのきっかけやし、自信にも繋《つな》がる。

だって他人は自分の鏡やから。ステキな友達ができたってことは、あなたがステキやからやもん。

きっかけなんか、なんでもええねん。小さなきっかけでも、たくさんあったらそれは大きな自信に変わるから。

自分を好きになろうと「自分探しの旅」に出る人も多いけれど、そんなことしなくたって、きっかけなんてどこにだって転がってる。今まで、見つけられる方法を知らんかっただけやと思うで。

自分の顔、好き？ 嫌い？

あたしは、自分の顔をぼちぼち気に入っています。

もう少し目が大きくて、左右の目が同じ大きささやったらいいのに。

もうちょっと鼻が高くて、鼻の穴が小さくても良かったんじゃないのか。

なんで〝八の字眉毛〟なんだろう。キューッとカーブを描いた弓状の眉毛が良かったなあ。

欲を上げればどんどん出てくる。

誰が見ても「キレイ」な顔で生まれてこなかったのは、なぜなんだ！

でも、長い時間この顔と付き合っているし、見飽きたというより愛しくなってきた。

だけど目の前に1億円を積まれて「好きなだけ整形していいよ」と言われたら、迷わず〝お直し〟をするだろう。

矛盾してる？　んなことないよ。あたしはただ、今よりもっとキレイになりたいだけ。それは好き嫌いとは別のところにある『欲』の話だから。

あたしは整形賛成派です。キレイになって何が悪いの？　キレイになりたい、変わりたいと思って何が悪いの？　「今よりもっと良くなりたい」なんて当たり前の気持ちやん。その感情がなかったら、人は誰も向上しない。

「親からもらったカラダや顔に傷をつけるなんて」とかさ、とりあえずの正論を言う人はゴマンといるけど、だから何？　親からもらったカラダに傷をつけちゃいけないなんて、馬鹿馬鹿しいにもほどがある。自分を大切にすることと、整形しないことはイコールじゃないし、自分の顔やカラダを好きになれない方が問題やろ。コンプレックスが原因で前に進めない、そのことの方が大問題やん。

〝お直し〟をして、自分を好きになれた女の子をたくさん知ってる。目を二重に変えただけで、性格までポジティブになった女の子を、50人は知ってるよ。そんな彼女たちを見て「素のままで勝負できないなんて」なんて思ったことは1度もない。ええなあ、整形費用があって――と思うことは多々あるけれど。

キレイになることが「美」なんじゃない。自分の顔やカラダを好きになることが「美」なんだよ。そのために、メスを入れたり注射をすることは、ちっとも悪いことなんかじゃない。

「作られた美でしか勝負できないなんてフェアじゃない」って？

そんなちっぽけな建前でしか勝負できないヤツの方がフェアじゃないよ。笑わせるで。

ちょっぴり得する「かわいげ」

あたしはものすごく「かわいげ」を大切にしています。自分に対しても、周りに対しても。

だから、かわいい女と、そうでない女の違いは『かわいげの差』だと思ってる。

持って生まれた顔立ちがキュートか、そうでないかなんて、25歳を境にさほど関係なくなってくる。

女を売りにする仕事を長くしてきたからこそ思うんやけど、顔立ちが「かわいい」だけで得をするのは初めだけ。あとは「かわいげ」を持っていて、そしてそれを活《い》かしている女がやっぱり長く異性のお客さまに愛されていました。

じゃあ「かわいげ」ってどうやって手に入れればいいか、ってことですが、これはもともと誰もが持っている（持っていた）ものやと思います。わからないことを「わからない」「だから教えて」と素直に言えた日が、あったでしょ？　できないことを「できない」「だから手伝って」と素直に誰かに甘えられた日が、遠い昔にあったでしょ？　だけど大人になるにつれ、それができなくなる人が多いという。もったいないなーって思うよ。

学生時代の友達にマリちゃんという、生徒会の副会長を務めながらにして、成績優秀、スポーツ万能、スレンダーなカラダに天然の栗色の髪の毛がうらやましい、涼しげな目元のキレイな女の子がいました。マリちゃんは、3年間ずっとひとりの男の子に恋をしていて、その彼に認められたくて勉強もスポーツも、ひと一倍頑張っていたんです。

だけど、そんなある日――マリちゃんの恋する男の子は、学力レベルは下から数えた方が早く、運動神経もナイに等しい、飛びぬけてかわいいわけじゃないけれど常に笑っていて、あまりにも何もできないから、思わず手を差しのべたくなる

――つまり、マリちゃんの対極に位置するような女の子と付き合い始めたんですねえ。

失恋をしたマリちゃんが泣きながら言った言葉が、10年以上経った今でも忘れられない。

「男の子は結局、勉強やスポーツができなくても、かわいげのある女の子を選ぶんだね……」

弱冠15歳にして悟《さと》りを開いたマリちゃんの言葉は、同じく当時15歳だったあたしの胸にジーンと響きました。

なんでもかんでも「できなーい」「手伝って」「助けて」と甘えることが、かわいげがあるということではない。だけど、そういうのを『かわいい』と思う男が決して少なくない――ということを、この機会に知ってください。

かわいげがないことを悪いとは思わない。

だけど、〝ちょっとだけ損をしている〟と思います。

素直になることは難しくても、「わからないから教えて」「できないから助けて」って言うことは、さほど難しいことじゃない。言ってかわいいと思われるか。言わずにいてかわいくないと思われるか、それだけの違いです。

本人の許可を得て書きますが、マリちゃんはいまだ独身・彼氏もいません。

「かわいげがないとはわかってるんだけど、どうしてもひとりで頑張りすぎちゃうの」

そんな彼女のことを、あたしはカワイイやっちゃなーと、常に思っているんですけどね。

大人になれない、お子ちゃま女

「やれパーティだ」「やれオールだ」と、踊る方のクラブに出入りを始めた15、16歳の頃は（もう時効なので許してね）、周りのオネエサンたちを見て『早く大人の女になりたい』っていつも思ってた。同じように着飾っていても、あたしのはムリしてる感がありありと。カッコイイ人は、みんなオネエサンたちに興味があって、あたしはたいてい子ども扱いで。

実際に〝大人〟と言われる年齢になった今、自分や周りの同世代の人たちを客観的に見てみると、カラダは大人でも中身は子どものまんまの人って多いんやなあって思う。

人のモノが欲しい。気に入らない人は仲間はずれ。「誰々ちゃんは持ってるのに！」って、他人を引き合いに出して望みを叶えようとする。給食費は払わない（？）さっさと払えよ。責められたり叱られると、スネる、泣く、不貞腐《ふてくさ》れる。あげくの果てには逆ギレをする。

小学生か？　成長止まってんのかよ。

ヤルことやって、高級ランジェリーを身に付けていても、中身がお子ちゃますぎて話にもならん。言うことはいっぱしで、聞きかじりに受け売りの一般論を並べるけれど、中身が伴っていないからすべてが空々《そらぞら》しくて、結局何が言いたいのかさっぱりわからない。そんな女はたとえ成人していても、大人の女じゃない。

多いよ。ブランド物ではなくて、いまだに通知表がお似合いの〝お子ちゃま女〟。

失敗や経験から何も学ばない、人の忠告には耳を貸さない、これがお子ちゃま女の特徴やな。

有名どころの服を着て、雑誌に掲載された新作のブランドバッグを持って、お子ちゃまが出入りできないクラスの店に足繁《しげ》く通っても、中身はちっとも大人じゃない。そういうのは「フェイク」――偽者、って言うんだよ。

実年齢は関係ない。いわゆる適齢期を越えても、三十路《みそじ》をすぎても、お子ちゃま女は子どものまんま。相手が疲れているのにも気づかないで「遊ぼう！　遊ぼう！」と、しつこい子どもと変わらない。

そのくせ、お子ちゃま女は自分と同類の〈お子ちゃま男〉には手厳しい。わけわからんな。あーネムい。

「素直になれない」って
思ってるのは
すでに素直やん

自慢じゃないけど、あたしはある部分だけものすごく素直です。あたしのその素直で、妙に真っ直ぐなところを、口の悪い友人たちや歴代の恋人たちは「愚直《ぐなお》」と呼ぶ。

まあ、ぶっちゃけ「素直」と「愚直」は別の意味ですし、そもそも正しい読み方は「ぐちょく」であって「ぐなお」じゃないんスけどね。

読者の方や、友達から「素直になれない」とか「素直になるにはどうすればいいんですか」と相談を受けることは多い。だけど、あたしは思う。素直やんか、って。素直じゃないって自分でわかってて、素直になりたいって思っている人は、すでに素直やん。

ただ、その素直さを表にうまく出せない、もしくはうまく表現する方法を知らないだけやろ？

ほんまに素直じゃない人は、他人に「ワタシ、素直になりたいの」なんて口が裂けても言いませんよ。素直でいることが「美」なんて、彼ら彼女らは認めないやろうからね。

大人になって、うまく世を渡っていこうと考えると、「素直さ」は時に、邪魔になることもある。素直なだけじゃ、世の中を渡れないのはある意味、事実でもあるから。

だけど恋愛の場面においては、素直さはものすごく武器になる。「素直に謝る」「素直に喜びを伝える」なんてさ、大勢の男が大好きなことやんか。

意地を張って謝らない。謝ることは負けを認めることと同じ。無邪気に喜ぶなんて恥ずかしい——なんてさ、アホらしすぎて呆れてしまう。

謝るのに、意地や負けなんて関係あるかいな。無邪気に喜ぶなんて恥ずかしい？　その考え方が恥ずかしいやろ。どこで習ってん、そんなこと。

はっきり言いましょう。

素直にならないと、本当に大切なものを失ってしまうで？

それでもええの？

話ベタは恋のハンデになるのか？

過去に短期間だけお付き合いをしていた人は、独裁的な父親が原因で心を閉ざし、確か15歳の時に登校拒否になって、17歳でクスリを覚えて、入退院を繰り返したり、クスリで捕まったりの経験まである、極めてハードな人でした。異性と付き合ったこともなく、もともとの人間不信がクスリのせいで強くなり、友達0人のスーパーハードな人でした。もちろん、あたしとお付き合いをする前に、クスリとは縁を切ってはいましたけど。

なんで、そんな人と付き合ったのかという理由はさておき、その彼は話しベタ以前に『生きベタ』で、楽しいとか嬉しいとか、悲しいとか腹が立つとか、人として当たり前の感情が欠落しておりました。

人にも自分にも、セックスにもまるで興味がなく（事実1回も交わってない）、唯一、「映画」だけにはやたらと詳しいという、わけがわからん上に本当に手のかかる男でした。

そんな彼が、あたしという人間に多少なりとも興味を持ったきっかけは、「この変な女は、なんでこんな俺に近づいてくるんだろう」——という気持ちからだったらしい。「生き物として不思議だった」と後々言われたことがあります。生き物って……おまえの方が200倍不可思議じゃ！

だけど彼は次第に——不思議な生き物、春乃れぃ——に好意を抱きはじめました。だけど、話ベタで生きベタな彼は、何をどうすればいいのかさっぱりわからなかったそうです。何をすればあたしが喜ぶのか、何を言えばあたしが笑うのかが、まるでわからない。一方あたしは、マシンガントークをぶっ放し、ひとりで大笑いする妙なヤツです。かくして、2人の関係はなるようにして「あたし、話す人」「彼、聞く人」になりました。

もちろん、彼の反応はすこぶる鈍い。とっておきの『すべらない話』をしても、笑わずにポカーンとしているだけ。当然、関西では当たり前のツッコミなんてのも、彼にはできない芸当でした。

それでも短期間であったとはいえ、彼とあたしの間には恋（らしきもの）が生まれた。

最初はあたしの話を聞くことしかできなかった彼は、次第に「聞くことが今の俺の使命」と思うようになり、そしていつのまにかその使命に、少しずつではあるけれど感情やリアクション、質問を入れられるようになった。

そうなってくると、こちらとしても話す甲斐《かい》がある。マシンガン春乃は、よりマシンガントークを繰り広げ、あたしのその反応に何らかの手ごたえを感じた彼は、より感情を見せて話を聞くようになった。

前置きが長くなりましたが（いや、ほんまに）、結論を言うと「話べタ」は確かに〝素早く〟恋を発展させるのには、ハンデになるかもしれない。だけど世の中、〝話上手〟な人ばかりじゃない。話がうまい人ばっかりやったら、芸人さんの必要性がなくなってまうしね。

話べタな人が、話すことで〝べタ〟を補おうとしても苦痛が生まれるだけです。だから話べタな人は、まずは聞くことから始めたらええと思う。最初は聞くこと。そして、徐々に聞くことに「感情やリアクションを見せる」。笑ったり、目を見開いて驚いたり。それができるようになったら、自然に彼の話に対して質問が出るようになってます。

話べタを自覚しているなら、聞くことで〝べタ〟を補えばいいと思います。聞き上手になれたら、今度は質問上手を目指してみればええと思う。相手の話をよく聞いて、疑問に思ったこと、不思議に感じたことを質問する。そうすると、相手はもっと話し出すようになります。

だから話ベタを自覚している人は、うまく話そうなんて無理せんでええよ。うまく話そう、話さなくちゃって考えるから、ハンデになってしまうだけ。不得意を改善するよりも、得意を伸ばす方が楽やし、楽しいやろ?

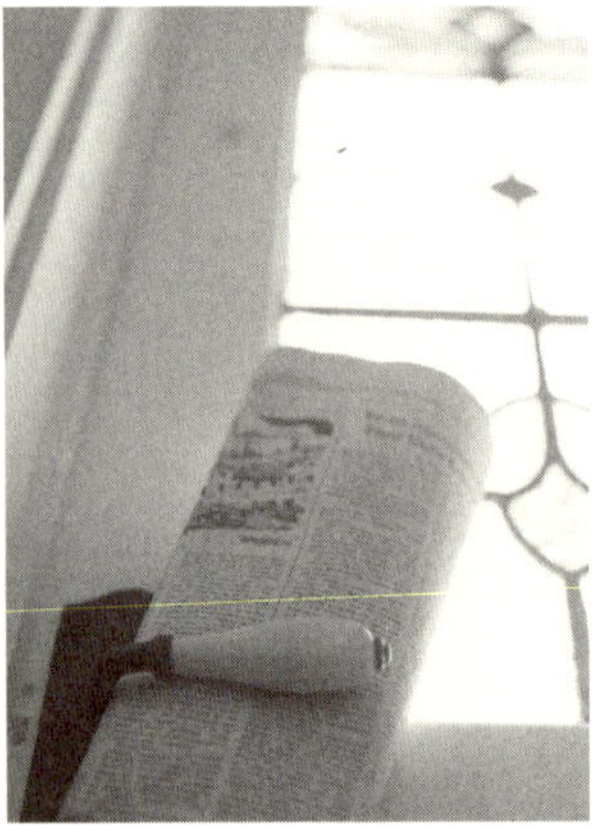

気が利く女と気が利かない女の違い

違いは簡単。

周りをよく見ているか、見ていないか。

ん？　違うな。「見えているか」「見えていないか」やな。

視界に入れるかどうかだけなら、誰にでもできること。でも「見えている」人は、視界に入れたあとに「どうすればいいか」「その人が何を望んでいるか」までをも見る。だから細やかな気遣《きづか》い、行き届いた気遣いができる。

見ているだけの人は、相手が何を望んでいるかまでは見えていないから、時としてその気遣いを「押しつけがましい」「世話焼き」と捉えられてしまう。でも、見えている人は相手がどうして欲しいのかまでを見ているから、「気が利く人」だと称賛される。この違いはほんとに大きい。

そして気遣いには、「うるさい気遣い」と、そうでない気遣いがある。もちろん良いのは後者、うるさくない気遣いだ。

吸殻で山盛りになった灰皿を「店員さーん！　灰皿替えてー！」と呼びつける、などの実際に『音（声）』がうるさいとか、うるさくないではなく――あたしが言いたいのは、気遣ったつもりで相手にまで気遣わせる〝存在がうるさい〟気遣いのことである。

「本当に気が利く人は、相手に気づかせないようにして気を遣える人」だと、教わったことがある。

「ワタシって気が利く女でしょ、ホレホレホレ！」と、まるで気遣いいっぷりをアピールするかのように、世話焼きをしている人を多く見てきたけれど、悲しいかな、その手の人はやっぱりイイ男にもイイ女友達にも縁がない。

気の利く女ぶってんなら、気づけよ！　と、文字を大にして書きたい。

気を遣う前に、存在がうるさがられていることに気づけよ！　と、往復ビンタで教えたい。

彼女たち、自称気が利く女たちの気遣いが〝ありがた迷惑〟がられているのは、やっぱり「見えていない」から。自分がどう思われているのかも、相手がどう思っているのかも、まるで「見えていない」から、いつまでたっても〈お節介な人〉というポジションから抜け出せない。

気が利く女を自称する前に、気づいてくれよ。

はっきり言って、その〝うるさい気遣い〟ヤバいっしょ。

人からどう思われているのかばかり気にしてしまう

「君が名もないけれどキレイな花だったとしたら、プライドの高い君は自分に名前がつけられていないことに耐えられないだろう。名前があるかどうか、人からどう見られ、どう思われているかばかりを気にしているうちは、君は本当のいい女にはなれない」

——と、10年くらい前に言われたことがある。その時は「何やと!」と思ったし、正直いたく傷ついた。だけど、今はその彼の言った言葉の意味がわかりすぎるほどわかるし、そのとおりだとも思う。

〝実際以上〟に、よく見られたい、すごいと思われたい。と思う気持ちは普通のことやと思う。人からうらやましがられたり、優れていると思われることは、簡単に自己を満たしてくれるし。でもそれはウソや見栄で「飾る」ってことじゃない。他人用に張ったメッキは、いつか必ずはがれてしまう。

メッキに惹《ひ》かれて近づいてきた人は、メッキがはがれた瞬間に掌《てのひら》を返したように離れていってしまう。それに耐えられないから、次々に新しいメッキを張って、再び他人の目に映る自分を良く見せようとする。

これって、すんげー愚かじゃない？

あたしは、過去のそういう自分を心の底から愚かやと思う。人からどう思われているのかばかりを気にして行動しているうちは、自分のことを好きになれない。だって、自分が1番良くわかっているはずやもん。

「これは本当の自分じゃない」ってことに。

八方美人な人が、本当は誰からも強く必要とされていないのと同じ。

人からどう見られているのかばかりを気にして、本当の自分で戦えない人には、誰も本音を見せないよ。

恋をすることが怖い

恋を怖いと思ってしまうからには、何らかの理由があるんでしょう。だからムリして恋をする必要なんてない。そもそも恋なんて、しようと思ってするもんじゃない。気がつくと、恋をしていた——が正しい形なんやから、怖い恋なんてしなくていい。

だけど世の中、傷つけ合うだけの恋ばかりじゃない。探り合うだけの恋ばかりじゃない。待つ時間の方が長い、苦しい恋ばかりじゃない。刺激はないけれど温かい恋や、激しくぶつかり合わなくてもわかり合える優しい恋だってたくさんある。

いつか、そういう恋ができる誰かと知り合えたらええな。「恋はつらいものじゃなく、楽しいものだ」と教えてくれる誰かはきっと見つかるよ。

その時がくるまで、ムリして恋なんてしなくていいし、恋人がいないことを恥ずかしがったりする必要もない。

Chapter 4

恋をしているのに、不安でたまらないあなたへ

好きな人のために自分を変える？

付き合う男が変わるたびにヘアメイクや服装に趣味、ひいては価値観までを一新する女は少なくない。

だけど、あたしはそれでイイと思う。誰にも影響を与えない、誰からの影響も受けない恋なんて、つまらないだけやし。

ただし、「影響を受ける」ことと「好かれたい気持ちから、ムリして彼に合わせる」ことは、まったくの別物だ。

前者にはウソがなく、後者にはウソがある。自分のポリシーや価値観に対する「ウソ」。このウソは、次第に自分を疲れさせる。

「本当の自分を知って、それでもなお、愛して欲しい」のに、「本当の自分じゃ受け入れてもらえないかもしれない」という気持ちから、自分にウソをつき、彼用の〝偽りの自分〟をもうひとり作る。

好きな人のために――自分を変えることを、あたしは悪いことだとは思わない。

だけど、偽りの上に愛は絶対に育たない。だってそうやろ？　ウソからはウソしか生まれないんやから。

どうして恋が長続きしないの？

できるだけ長く恋を続けたいのに、続かない人にはいくつかの共通点がある。

＊極度の恋愛依存症
＊過去の恋から何も学んでいない
＊本当に好きな人とは付き合っていない
＊同じようなタイプの男とばかり付き合っている
＊「ルックスが理想どおり」の人とばかり付き合っている

こうやって書き出してみると、恋が続かない理由がなんとなく掴《つか》めるんじゃないやろか。

＊極度の恋愛依存症

大好きな女友達から、毎日20通も50通もメールが届いたり、返信を強要されたり。少しでも他の女友達と遊ぼうものなら「あの娘の方が好きなの？」と責められたり。どこへ行くにも「一緒がいい」と常について来られたり。朝から晩まで頼られたり、甘えられたりが連日続いている、と考えてみてください。――さすがに疲れるでしょ？　極度の〝依存〟は、かわいいや愛《いと》しいを通り越して、相手を疲れさせるんです。

＊過去の恋から何も学んでいない

人は失敗からしか学ばない。
失敗というチャンスを活かせなかった人には、次のチャンスはなかなか来ない。

＊本当に好きな人とは付き合っていない

本当に好きな人の欠点は、その部分も含めて「愛しい」と、

思えるもの。馬鹿な子ほどかわいい、みたいなもんやね。反面、本当に好きでない人の欠点は、気になりだすと止まらない。そうして次第に相手の一挙手一投足のすべてが気に入らなくなってしまう。だからつい愚痴や不平不満が、口から出てしまい自分も相手も不快になってしまう。

＊同じようなタイプの男とばかり付き合っている

失敗した恋愛と同じ要素を持つ男と付き合っても、当たり前に失敗します。過去の恋から何も学んでいない人が「今度こそは」と、同じようなタイプの男と同じようなことを繰り返しても成功するわけがない。

＊「ルックスが理想どおり」の人とばかり付き合っている

見た目が理想どおりな人と付き合うことがダメなのではな

く、見た目を重視するあまりに、本当は納得のいかない彼の内面を〝見ないようにしている〟ことがダメなんです。「性格は気に入らないけど、あとで直せるし」なんてのは思い上がり。人の性格なんて、よほどのことがない限りそうそう変わるものじゃない。これは自分を見てみればよくわかること。

＊恋が続かないのには、明確な理由がある。

「男運」のせいにしたり「前世でも結ばれなかったから」とか、わけのわからん理屈をとってつけて、納得したふり。

だから成長しねーんだよ。

彼が運命の人かどうかなんて関係ない

占いやスピリチュアルなどに、まったくと言っていいほど興味がない。

信じていないわけではないし、信用ならんとも思っていない。そんなものに左右されたくない！　なんて、頭ガッチガチの頑固ババアでもない。あたしは単に興味がないだけ。

今の恋人が運命の人かどうかなんて、わからない。だけど、それでいい。

調べようなんて思ったこともないし、これからもきっと調べない。

彼が運命の人かどうかを調べる時間があるのなら、その分、互いが運命の人であり続けられるように、自分を磨きたいし、彼を愛したい。

もう45歳のおじさんだけど、現役でバリバリの〝女たらし〟の知り合いが言う。

「女の子は、若かろうがそうでなかろうが、〝運命〟って言葉や、運命を感じさせるようなキーワードに弱い。血液型が同じで誕生月が同じで、好きな食べ物が同じ——というだけで、勝手に〝運命の人〟と信じ込んでくれるから落としやすい」

『今の彼は運命の人じゃありませんよ』

仮に占い師やタロットカードに、そう告げられたとしても、たぶんあたしは気にならない。

あたしの生き方を決めるのは、あたし。

あたしが愛する人を決めるのは、あたしやから。

カラダから始まる恋も恋のうち？

あたしはカラダから入る派です。

だけど、そこから相手に恋をするまでには、かなりの月日を要します。

知り合ってすぐにカラダの関係を持つのに、理由や理屈はさほどない。

唯一、理由があるとすれば、「目の前に、そういう対象の男がいた。だから寝た」ぐらいのもん。周りの男連中からは「男みたいだな」と、よく褒《ほ》められます（？）。

だから「エッチをしてから彼と連絡がとれない」などという女の子たちからの泣き言を聞くと、妙な気持ちになる。

たいていの男やあたしにとって、初エッチは『ゴール』。ゴールに行きつくまでに要した時間が短ければ短いほど、ラッキー。1回戦であっさりと勝った――つまり、すぐに落とせた――相手と、「また近々勝負したい」と思うかどうかは相手次第。よほどセックスが良かったか、カラダが合うか、カラダ以外に知りたい箇所がいくつもあるかどうかで、次の試合を考える。

そんな男の生理や下半身事情を知らない女たちに限って、「遊ばれた」「やり逃げされた」なんて言う。

カラダから入ることを悪い、ふしだら、軽いなんて思わない。

だけど、**『女にとってはスタートでも、多くの男にとってはゴールなエッチは多い』**。

少なくとも、これだけは知っておいた方がいいと思う。

初エッチで恋を感じるのは勝手やけど、相手が同じように思っているとは限らない。

遊び人だけど甲斐性のある男か、世渡りは下手だけど責任感のある男か、弱味をいくつも抱えている男が相手ではない限り、たいていの場合、女が思っている以上にカラダは武器にはなりませんし、男に恋を感じさせることも難しい。

振られるのが怖い？

恋をする者、誰だって振られることは怖いでしょうよ。

でも、だからといって恋をしないのもおかしいし、別れの予感を感じて、振られる前に相手を振って「勝ったような」気になるのも変やしね。

常に「振られないか」とビクビクして恋をするのは違う。恋愛は「振る、振られる」を考えながらするものじゃない。「好きだから怖い」なんてのは、ただの言い訳。本音の部分は「こんなワタシじゃ、いつ振られるかわからない」と考えているんじゃないですか。

振られない確実な方法なんてない。だけど恋を長続きさせる方法なら、いくつもある。

たとえば、「こんなワタシじゃ、近いうちに振られるかもしれない」ってな考え方を「このワタシが振られるわけがない」に変えてみる、とかね。もちろん「こんなワタシ」を「このワタシ」にステップアップさせるためには、血の滲むような努力が必要。打たれ弱いココロを強くすることも必要。過信や自惚《うぬぼ》れなんかじゃすぐに足元をすくわれるから、揺らがない自信が絶対に必要。

「振られるのが怖い本当の理由は、愛する人が離れていく恐怖ではなく、自己を否定されたような気になるからだ」と、17歳の時にあたしが弟子入りした師匠（おっさん）が言っていた。まさにそのとおりだと思う。

別れた男に「君と別れて、ようやく気持ちが解放された」と言われたことがある。

常に、いつ逃げられるか、いつ振られるか、いつ「他に好きな人ができた」と言われるかばかりを気にして付き合っていたから、心が休まる日がなかった。俺は自信がなかったんだろうなあ……、と。

振られるのが怖いからと、ご機嫌うかがいの恋ばかりをしていませんか。

振られるのが怖いという気持ちを、わざと意地を張ったり強がりを言うことで、ごまかしてはいませんか。

それらの行為は自分を疲れさせるだけではなく、相手をも疲れさせる〝愚行〟なのだということに、早く気づいてくださ い。それが、振られない恋を手に入れるための、最初の一歩だと思いますよ。

愛しすぎてしまう人は相手を見ていない

『愛しすぎてしまう人は、もうすでに自分しか愛せてない』

――これはあたしの持論です。

愛しすぎることが悪いんじゃなく、相手を見ていないことが悪いんです。

その証拠に、愛しすぎる恋愛傾向にある人は、たいてい同じことを口にする。

「こんなに愛してるのに、なんでわかってくれないの?」

わかんねーよ、わかるわけないじゃん。だって、あんた自分のことしか愛してないやん、って、いつも思う。

ストーカーの心理と同じやん、っていつも思う。一方的に押し付けられた愛情に喜びを感じろ、相応の愛を返せという方が難しい。

だってそうやろ? 相手を見てないやん。自分のことしか見てないやん。

少しでも相手のことが見えていたら、〝彼が窮屈《きゅうくつ》にしている姿〟を思い描けないはずがない。

人にはそれぞれ愛し方がある。

愛を感じるまでの速度や、愛の重さは十人十色。

時速4キロで歩いている人間に、時速100キロで走っている車が突っ込んだらどうなるかは想像できるやろ？

相手を見ていない『愛しすぎる愛』がクラッシュしやすいのも、これと同じ。

速度を落として相手を見ろよ。そして時々ブレーキ踏めよ。じゃなきゃ、相手を殺すだけの愛になる。

彼の欠点が気になって仕方ないのなら

欠点が気になって仕方ない相手と、なんで交際を続けているのかが、あたしにはわからない。

そんなにイヤなら別れりゃええやん。簡単なことやろ。え？　簡単じゃない？　いやいや、簡単やろ。難しく考えてるだけやと思うで。誰にでも1つや2つ欠点があるんだから、許して受け入れなさい……なんてキレイ事を言うつもりは毛頭ないけれど、欠点を相手の個性と考えて、〈それすら好き〉だと思えなければ、そこに愛なんて育たないんじゃ？　とは思う。

ご存知（？）のとおり、あたしは自他共に認める欠点だらけの人間です。性格や言動に『難』がありすぎる。

短気で暴力的で、口は悪いし気は強いし、究極なまでに自己中心的で、ほんまにどーしようもない。交際歴が4年目に入った彼でさえ、「——なんで、こんなに好きなのかわからない」と言うほどに、欠点だらけの人間です。

「だけど、すげえイイヤツって思うところが、たまーにあるから、ま、いいかって思う。こんな変なヤツ、探そうとしたって見つからないだろうし」と彼は言う。

相手をとりまく環境やオプションなどの〝条件〟で恋人を選ぶと、欠点に目をつむってしまいがち。なぜなら、その欠点よりも美味《おい》しいメリットがたくさんあるから。だけど、その美味しさに慣れてくると、見ないようにしていた欠点に目がいってしまい、次第にそれが気になって仕方なくなる。

欠点を受け入れることと、見ないようにすることはまったく違う。

話し合いや、ぶつかり合うことで直せる欠点は少なくない。大きなままだと受け入れられない欠点も、ぶつかって壊して小さな破片になれば、受け入れられるかもしれない。

選択肢はたったの2つ。気になって仕方がないから別れるか、それともぶつかり合うことを繰り返して、欠点を小さくしてから受け入れ、愛するのか。な？　簡単なことやろ？

恋愛を長続きさせたいなら……

「今している恋愛を長続きさせたいなら、一緒にいすぎない方がいい」とは思わないけれど、個人の時間を持つことは大切だとは思う。こんなもん、書くまでもなく、普通のことやと思うけど。

以前、「恋愛を長続きさせたいなら、一緒にお風呂に入らない方がいい」とか言ってる、自称恋愛のカリスマな女がいたけど、なんじゃやそりゃって思ったよ。あたしが男なら、そういうことを言ってる女を、絶対に彼女には選ばない。

だって、メンドクセーじゃん。生身の恋愛にいちいち、そんなくだらない恋愛ハウツーや、駆け引きを持ち出してくるような女——なんて、ほんとは書いたらあかんねんやろうな。一応あたし、恋愛ハウツー本を何冊か出してる作家さんやし。へへへっ。

あのねえ、長続きさせたいからあまり一緒にいないとか、一緒にお風呂に入らないなんて、ほんまにくだらなさすぎてナンセンス。バカバカしいにも程がある。確かに、ヒロミ・GOは唄ってましたよ。

「会えない時間が、愛育てるのさー」

それはわかりますよ。でも、だからといって〝ムリ〟をして、勝算狙って「一緒にいないこと」には、あまり意味がないんちゃう？　だって、駆け引きで「会わないようにしている」女は、会わない時間の〝彼の下心〟をめちゃくちゃ気にするやん。彼の下心を気にし始めた女が、まずすることは何？　携帯チェックで浮気のチェック、か？　メールの多さで愛の確認か？　くだらねー。

一緒にお風呂に入るから恋が長続きしないんじゃなくて、肌を見せることに恥じらいを忘れるから長続きしないだけ。一緒にいすぎるから恋が長続きしないんじゃなくて、彼のプライベートな時間を奪ってまで愛を満たそうとするから長続きしないだけ。

その違いがわからないようじゃ、何をやっても、誰が相手でも、恋も愛も長続きするわけない。

彼と会えない日を
ムダにすごしてない？

　あたしは、彼と会わない日を『ネタ作りの日』と呼んで、忙しく駆け回っています。

　彼と会わない、会えない時間こそ〝徹底的に女磨きをする〟というのもありだと思う。事実、親の仇《かたき》でもとるかのように、血眼《ちまなこ》になってボディケアをしている日もあります。でも、あたしにとってはボディケアを怠《おこた》ることよりも、ネタ不足の方が死活問題。だって、彼との間に〈マンネリ〉を作りたくないやん？

　だからあたしは、彼と会わない日こそ外に出て、友達に会ったり知り合いと話したり、別の街（や夜の街）に遊びに行って、ネタを調達するようにしています。

　別の世界や別の街で暮らしている人たちは、当たり前やけど、あたしとは違うネタを持っている。その人たちから調達した新たなネタを、彼との会話の中で持ち出したり、次のデートコースの参考にさせてもらったり。ぶっちゃけた話、彼を飽きさせないために——というより、あたしが彼との付き合いに飽きやマンネリを感じないようにするために、常に新しいネタを探しているという感じ。

そのおかげで、これまで誰とお付き合いをしてもマンネリを感じたことはないし、「飽きられているかも」と感じたこともない。

彼に会わない時間や会えない時間を、どうすごすのも勝手やけど、少なくとも携帯電話を片手に彼からの連絡を待っているだけより、有意義なすごし方は探すほどのことなく、あちこちに転がってる。

インパクトだけで売れた芸人さんが、あっという間にテレビから姿を消すのと同じ。奥深く、新しいネタをたくさん持ってないと、唯一の視聴者である彼からも、あっという間に飽きられる。

「彼に楽しませてもらおう」「幸せにしてもらおう」と思ってるうちは、まだまだ甘い。

彼との付き合いを楽しみたい、彼と幸せになりたいなら、まずは『自分が動く』ことじゃないやろか。

会えない日こそチャンス。

たまには携帯を家に置いて、ネタ探しに時間を費やしてみー。その時間の分だけ、マンネリはきっと遠のくで。

終わらない恋の見つけ方

「この恋は死ぬまで絶対に終わらない」とあらかじめわかっていたら、おそらく人は恋愛を楽しまないやろうなって。「いつかこの恋は終わる」なんて思いながら恋をする人なんて、ほとんどいないと思うけれど、それでも「こんなにわがままばかり言ってたら、振られてしまうかもしれない」と自分を改める機会があるから、恋も自分も成長するんやと思う。「彼がいなくなったら困る」と思うから、彼を大切にするんやと思う。

　だから、終わらない恋なんて、探そうとしない方がいい。

　終わらない恋を探すよりも、今している恋を長続きさせるために、大切にする方がいいと思う。

　あたしは浮気者やし、下半身の暴走は、よほどのことがない限り止められないし、ほんまにヒトデナシのロクデナシやけど、「この恋だけは終わらせたくない」と思える恋では、絶対に浮気はしないし、喧嘩を長引かせることもない。常に彼にとっての、イイ女であろうとする努力は怠らないよう自分に言い聞かせているし、どれだけムカついても、彼の言動を理解しようと、あたしなりの努力はしているつもり。

結局のところ、終わらない恋って、互いが終わらないように努力をし続けてこそ、手に入るものなんやと思う。

そこまでしても終わってしまう恋があるから、人はまた終わらない恋を探して、誰かに恋をするんやろうけど。

昔の恋人のことが知りたくて知りたくて仕方ないのなら

昔の恋人のことを知ってどうすんの、ってよく思う。

あたしの昔の恋人と連絡を取り合って、「春乃れぃの攻略法を教えてくれ」っつうんなら話はわかるけど、そうじゃないなら、いったいどうしたいの？　っていつも思う。

知ればイライラするんでしょ、どーせ。教えなきゃ教えないで不機嫌な顔されて、教えたら教えたで過去の人に嫉妬して不機嫌になられる。教えて不機嫌が2倍になるなら、教えない方法をとるだろ、フツー。

知ってどーすんだっつーの。

聞いてどーすんだっつーの。

彼の過去の恋人なんか、どーでもよくね？

聞いて、知って、調べて、聞き出して、何かひとつでも実になるの？

逆に聞きたい。

彼の昔の恋人のことを、なんで知りたがるの？　つーか、知ってどーしたいの？

どんな女とキスしてたかとか、どんな女を抱いてたのかなんて、あたしは知りたいと思ったこと、1度もないな。だって知れば、やっぱり気持ち良くはない。彼の過去の恋人の写真を見て「勝った、負けた」なんて思っちゃうような、チープな趣味はあいにく持ち合わせてないし。つまり、知るメリットなんか1つもないから、あたしは彼の昔の恋人のことなんて知りたいとは思わない。

好きな男と一緒にすごす時間って、すごく貴重なものやと思うから、彼の過去の恋人の話で不機嫌になったりする時間がもったいない。

知って落ち込むくらいなら、知らずにいて愛し合いたい。

だって時間って有限やん？　限りある時間を過去に嫉妬して
すごすなんて、ばかばかしいにも程がある。

元カレともう1度付き合いたい

読者の方からいただくメールの中で、「元カレともう1度……」という内容のものは、本当に多い。

ただ、残念ながら（?）、『運と縁とタイミング』を重んじるあたしは、元カレとやり直したいと思ったことがない。運と縁とタイミングが3つそろって恋が始まって、そのどれか1つが欠けたから恋は終わってしまったのだと考えるので、どれだけ寂しくても悲しくても後悔をしていたとしても、「もう1度……」とは思えない。ま、これはあたしの考え方なのであって、人に押し付けようとは思いませんが。

別れた直後って、どうしても後悔が大きくなる。なんで、あんなこと言っちゃったんだろう。どうして、あんなことをしちゃったんだろう。どうして、あのくらいのことを許せなかったんだろう、とかさ。サッパリ、せいせいする別れって、案外少ないと思うもん。それは振る、振られるに関係なく。

だから、「元カレともう1度……」と思ってしまう気持ちは、わからなくはない。

それに、別れて初めてその存在の大きさやありがたみ、自分の至《いた》らなさに気づくことって多いしね。

でもね、悲しいかな、人って〝喉元《のどもと》すぎれば熱さを忘れる〟生き物なんですよ。ようやく気づいたはずの自分の至らなさや、あれだけ涙を流して反省した記憶は、案外すぐに忘れてしまう。復縁したのに、やっぱりしばらくすると別れてしまう恋人や夫婦が少なくない。気づいたはずの自分の至らなさを、気づくだけで変えていないから、同じ結果を生んでしまう。

だからあたしは、別れてからすぐに復縁することには、あまり賛成ではない。

いくら口で「あの頃の俺とは違う」「新しい私を見て欲しい」

と言われても、人が本質から生まれ変わるのには、最低でも5年は必要やと、思ってるから。

——まあ、これはあたしの自論やから、スルーしてくださって構いませんが。

もしもあたしが、別れた恋人と復縁がしたくなったら……たぶん、言葉や駆け引きなんていっさい使わないで、ただひたすら人としての魅力を磨くと思う。

どこかで偶然、元カレと会った時に「昔よりステキになったな」って、生まれ変わったあたしに気づいた彼が、もう1度、あたしに恋に落ちるように。

彼の心変わりの前兆を見抜く方法

相手の心変わりの前兆に気づいた時は、もうすでに相手の心は、ある程度離れていると思いますけど。

――これじゃあ、話が続かないし叱られそうなので、頑張ってもう少し書くとしよう。

メールの回数やセックスの回数が減ったことを、心変わりの前兆だと思い込むのは、今日限りにしていただきたい。そんなもんで愛情を量られた日にゃあ、たまったもんじゃない。

〝初めの頃〟と比べて、メールやセックスが減るのは当たり前。それは心が離れたのではなく、慣れたからです。だけどその〝慣れ〟に対して「もう愛してないのね」「最初の頃は……」「浮気してるんでしょ」なんてやかましく言い出されると、あーこいつ、わかってないな。自分のことばかりしか考えてないんだなと、本当に心が離れてしまう。

彼の心変わりの前兆を見抜きたいなら、自分の言動を冷静に観察するのが、最もええ方法やと思うけどな。

愛の強要をしている。
愛を押し売りしている。
愛を回数で確かめようとしている。
駆け引きや計算で愛を見ようとしている。

これらのことを自分がしている、もしくはしようとしているなら、それは彼の心が〝離れていく手助けをしている〟、彼が〝心変わりをするように仕向けている〟ことになるんやから。

こういうことさえしなければ、続いていたはずの恋の例をあたしはたくさん知っている。

「ワタシから心離れして欲しくない」という気持ちが前へ出すぎて、空回りしすぎて、結果、彼を心変わりさせてしまう。

心変わりの前兆を見抜く方法なんて知らなくてもいい。むしろ、知らない方がいい。

人が生きている以上、心に〝多少〟の動きや変化があるのは当たり前。それさえ許せなくて、認められなくて、相手を追い込むことしかできないのなら、恋愛をする資格はナイで。とっととやめな。

浮気の気配を感じたら

自慢にもなりませんが、何度も浮気バレの経験があります。

浮気セックスの直後に彼女が乗り込んできたこともあるし、怒り狂った彼が浮気相手の実家に電話を入れて大揉《も》めになったこともあるし、「私とあの娘のどっちをとるの？」と両方から数時間責められたこともあるし、「ワタシもう死ぬから……」と朝の4時に電話をもらったこともある。

男と女の両方と付き合ったことがありますが、どちらに浮気が見つかった方が厄介《やっかい》かというと、断然、女。

なぜなら、暴れられるのは押さえつければ何とかなるけれど、泣かれたり、「浮気をさせちゃうような、ワタシが悪いの」なんて反省された日にゃあ、申し訳なさすぎて、どうしてよいのかわからない。

彼女の性格がイヤ、彼女との生活がイヤ、で浮気をした場合は罪悪感はあまり湧《わ》かないんやけど、欲望だけで他に走ってしまった結果、浮気がバレた場合は何とも言えぬ罪悪感がある。

――などなど、あたしの史上最低最悪の浮気の経験から書かせていただきますと、恋人が浮気をしているみたいだと気づいたら、彼の行動を責めるよりも、彼の心に訴えかけるよう、賢く立ち回った方がよいと思います。

メールや着信履歴と発信履歴のチェックをするのは、正直言って意味がない。

「調べられている」と気づいた彼が、パスワード付きロックをかけたり、発着信の履歴をこまめに消し出したり、携帯電話を2台持ってしまったら、本末転倒。どうしても責めなきゃ気がすまないというなら別ですけど。

でも、そんな方法で一時的に浮気をやめさせたところで、男の下半身の暴走は止まりません。ほとぼりが冷めたところで、再び浮気のチャンスを探し始めます。なぜなら多くの人は、喉元すぎれば熱さを忘れてしまう生き物やから。

彼が浮気をしているみたいだと思った時は、まず「別れるか、別れたくないのか」だけをひとりで考えた方がいい。

いかなる理由があったにせよ「浮気は絶対に許さない」のならば、責めるだけ責めて別れればいい。責めずに、荷物をまとめてスッと彼の前から姿を消すのもいい。だけど「許せないけど、それでも好きだから別れたくない」のであれば、こんな時だからこそ冷静になって、賢く行動することを強くすすめます。

彼に「申し訳ないことをした」と思わせたいのか、それとも「ごめんなさい。2度としません」と言わせたいのか、それとも「もう2度と彼女を傷つけるような裏切りはしない」と決意させたいのか――『どうしたいのか』で、取るべき行動は違ってくる。それを間違えてしまうと、裏切ったのは彼の方なのに、こちらが悪いような気持ちにさせられたり、イライラさせられるだけになってしまう。

浮気ってね、要は『裏切り』やん。

1度裏切られた人が、裏切った人と再び関係を元に戻すのって簡単じゃない。

だって信用は奈落の底まで落っこっちゃったし、裏切られたという事実は一生消えないから。

好きなはずの彼を、ずっと疑い続けながら愛を育てていくのは難しい。

「でも好きだから……」で何でも受け入れていたら、カラダとココロ、壊してまうで？

不倫の恋は
濃いけど恋じゃない

「不倫の恋は、恋じゃない」

17歳の時、人生2度目の妻帯者との恋愛で（なにごとにも早熟なもんで）、この上なく苦い経験をした時に、あたしはそう思いました。不倫の恋は障害がいくつもある分、燃え上がるのも早いし、刺激に甘美に激情に、いろんなものが一気に押し寄せてくる、とてつもなく濃い非日常です。

「出会うのが遅すぎた」

「もう少し早く出会っていたら」

こんな言葉がとても似合う、悲恋のヒロイン気分を存分に味わわせてくれるのが不倫の恋。あたしも、当時はどっぷり浸かっていました。まだガキやったしアホやったし、クリスマスや自分のお誕生日をあたしとすごしてくれる彼に、愛されている――と思ってた。ううん、そう思わないと恋を続けられなかった。

目が覚めたのは、彼が病気で入院した時やったかな。彼の看病をする奥さんの後ろ姿を見た時に、ただお見舞いに通っているだけのあたしとの違いを痛感した。壁に寄りかからないと立っていられないほど心が崩れて、いまだにどうやって家まで帰ったのかを思い出せない。

どちらか片方だけに負担が大きいとか、どちらか片方だけがいくつも我慢を強いられる恋って、あたしは違うと思うねんな。恋って、フェアな状態でするものやと思うから。不倫の恋ってアンフェアやん。会う時は彼の都合に合わせる、彼の家族に知られないように細心の注意を払う、深夜に物音がして怖くても、彼に助けは求められない——とかさ。それってさ、はっきり言って片思いと同じやん。それも、かなり高い確率で成就しない、片思い。

「妻とはうまくいってない」
「愛してるのは君だけだ」
「子どもが成人になったら結婚しよう」

男はなんとでも言うよ。ベッドの中でなら、愛してるって言葉さえ何度だって言える。ズルい男は、それさえ言わないけどね。「子どもができたかもしれない」と言った時の彼の顔色や反応。「帰らないで」と背中にすがった時の彼の声色や表情で、そこに確かな愛があるかどうかがわかる。もっとわかりやすいのは、1、2ヶ月セックスをしなければいい。彼が求めていたもの、彼が共有したがっていたものが、愛なのかカラダなのか。はっきりとわかる。

「あなたは愛してはいけない人じゃなく
決して、愛してはくれない人」

今井美樹の「半袖」という曲を聞くたびに思う。
やっぱり、不倫の恋は濃いけど恋じゃない。どちらかというと、幻に近いって。

キレイに恋を終わりたい？

キレイに恋を終える必要なんか、ないやんか。

ドロドロのグチャグチャで、揉めに揉めて憎しみ合って終わる恋の何が悪いのさ。

最後の最後になっても、キレイにカッコよく幕引きをしようとするなんて、ダサさの極み。

「これ以上、嫌いになって欲しくないから」って、笑顔でバイバイ？　何それ。最後まで、ご機嫌うかがいか？

「これ以上、あなたのことを嫌いになりたくないから」って、笑顔でバイバイ？　何それ。雑言を浴びせられて傷つくのが怖いだけっしょ？

脚本のある恋じゃないんやから、生身の恋の終わりにキレイな演出なんか必要ないやろ。

Chapter 5

結婚に、悩んでいるあなたへ

あたしの結婚観

おそらく、あたしは結婚恐怖症だ。その時々で交際している相手から「結婚」の2文字が出たり、結婚を匂わせるような発言が出ると、『残念やけど、できるだけ早く別れなければ』と思ってしまう。

これでも一応、過去に1度結婚をしているので、結婚にたどり着くまでの面倒臭さを、多少はわかっているつもりだ。彼の御両親への挨拶や、彼の兄弟に向けての好感度作り、一気に増える親戚の皆さま方へのご機嫌うかがいなど。ウザい、ダルい、面倒臭い理由を挙げればキリがない。

〝あたしにとって〟結婚とは、百害あって一利なし。

今の恋人にも「入籍なしの事実婚でイイじゃないか」と、この3年間言い続けている。

「この人となら互いがジジババになっても、仲良しでいられるだろうな」と思う気持ちが、どうしても結婚に繋がらない。

「本当に好きなら、形にこだわらなくても、一緒にいればそれでイイじゃん」と、ここだけはどうしても屁理屈言いになってしまう。

そんなあたしだから（?）、結婚を求められると途端に逃げ腰になってしまう、世の男たちの気持ちが少しだけわかるような気がする。

好きやし、愛してるし、このままずっと一緒にいても何ら問題ないとすら思ってる。だけど、恋愛というちょっと浮ついた「夢心地」から、一気に結婚という「現実」を叩きつけられて、『結婚は人生の墓場』だとか『年貢の納め時』だとか、『けじめ』とか『責任』とか、ネガティブなワードばかりが頭に浮かんでしまう。

「結婚したいのにできない」と悩む人が多いとされている中で、「したくないのに結婚を意識せねばならん」という、あたしの悩みなんて、「贅沢だ！」と言われてしまうものなのかもしれない。だけど、それはそれで、本当に大きな悩みなんです。

古い考え方かもしれないけど、あたしにとっての結婚って、彼を含めた〈彼の家族とするもの〉やと思ってる。

だから彼だけじゃなくて、彼の家族をも守っていく、幸せにするとかって覚悟がないと、したらあかんような気がすんねんな。

その覚悟が、今のあたしにはまだナイ。

これから先、彼と同じくらいに彼の家族のことも愛せたら、その時は迷わず、「お義父《とう》さんと、お義母《かあ》さんのことも幸せにします。だから彼をください」って言いに行けるんやろうけど……って、あたしは男か！

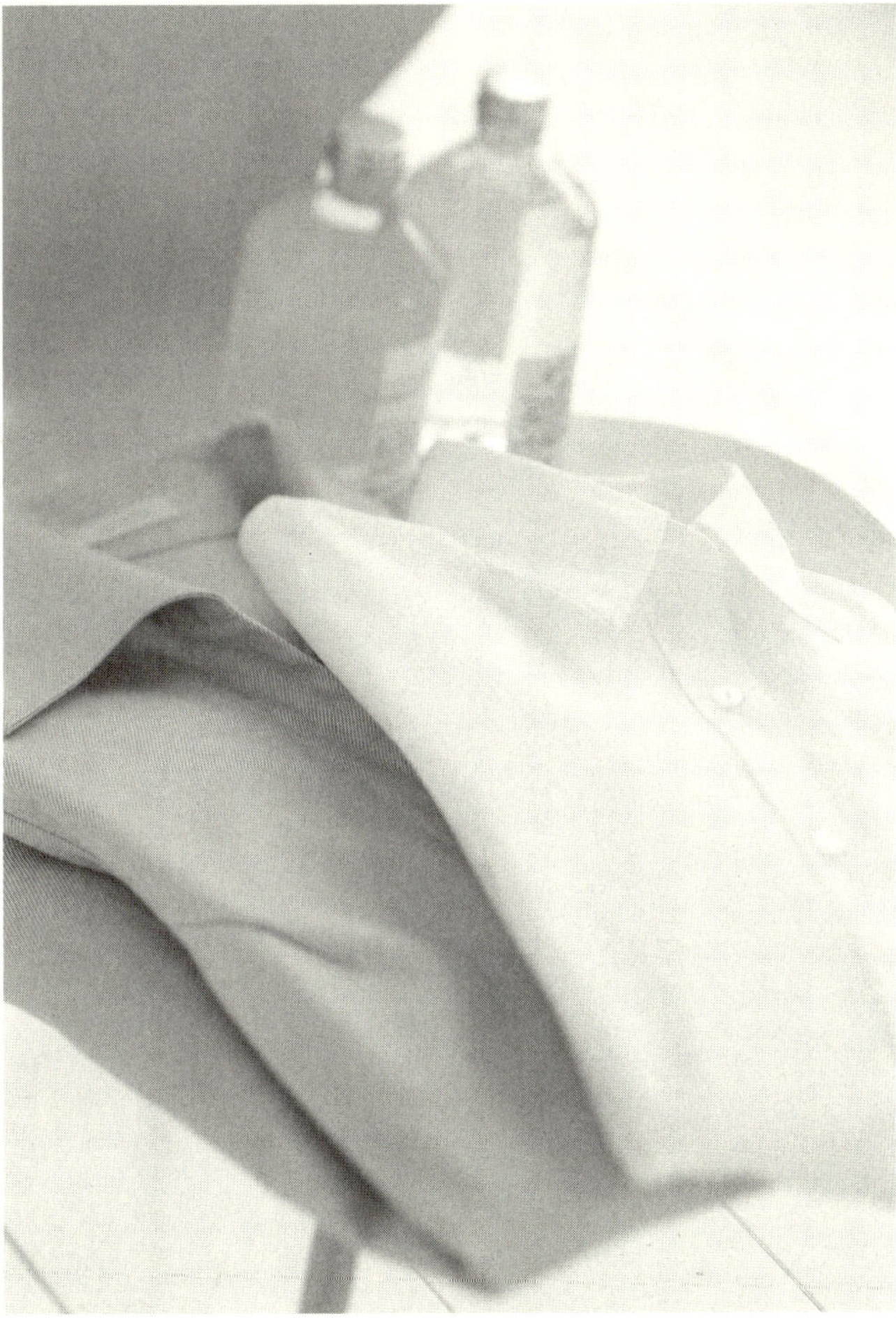

結婚さえすれば幸せになれるのか

「結婚さえすれば幸せになれる」などという他力本願な考え方を持つ人には、その人が満足を感じるような幸せは永遠に訪れないと思う。ちなみに、あたしはそういう考え方をする人が大嫌いだ。

結婚は逃げ場所じゃないやん？　現実逃避の手段じゃないやん？

面白味のない人生をどう使おうがその人の勝手やけど、それに他人（恋人）を巻き込むなよ、と思う。

いわゆる結婚適齢期と呼ばれている時期をすぎても、未婚のままでいる女性をさして、「負け組」とか「負け犬」などと呼ぶ悪しき風潮がこの世の中にはあるから、結婚をしていないだけやのに、『結婚できない女』なんてレッテルを貼られたりもする。会社勤めをしているならば、後から後から新人OLが入社してきて、妙齢《みょうれい》に差し掛かった女の気持ちを〝彼女たちの存在〟が逆撫でしたりする。

だから『焦りを感じてしまう』のはわかるけれど、だからといって、結婚さえすれば幸せになれるなんて思って欲しくない。

ただし、結婚がもたらしてくれる幸せというのは、あると思う。たとえば、子どもが生まれた——とかね。

でも、それは結果そうなっただけで、『結婚さえすれば幸せに……』とは違うと思うしね。

知り合いの知り合いに、若い頃は「結婚さえすれば幸せになれる」が口癖だった女がいる。

めでたく結婚した彼女の次の口癖は「幸せになれると思って結婚したのに」で、ここ最近の彼女の口癖は「アイツ（現旦那）とじゃなかったら、幸せになれるような気がする」なんだそうだ。

結婚さえすれば幸せになれるに違いない。
結婚が幸せを運んできてくれるに違いない。
結婚をしたのに幸せになれないのは、今の夫に問題があるに違いない。
いやいや、違うやろ。
すべては、そういう考え方しかできない自分の責任やん。

結婚適齢期に
結婚できないのは負け？

平成もぼちぼち20年目やというのに、いまだ「ええ歳して、結婚もできないなんて」みたいな考え方で、人を判断するような者たちがいることが、不思議で不思議で仕方ない――というのが、正直なあたしの気持ちです。

時代錯誤もええとこや。

結婚は本当に好きな人と、『運と縁とタイミング』の三拍子がそろった時にすればいい。

親のためや、見栄や世間体のためにするもんじゃないって、あたしは思う。もちろん、そういう〝理想〟だけでは、どうにもいかない結婚というケースもあるとわかった上でのことやけど。

あたしの周りには、いわゆる適齢期をすぎても独身でいる女友達がたくさんいる。無論、結婚をして幸せに暮らしている女友達もたくさんいる。結婚をしている女友達が、結婚歴のない女友達を見下していると、感じたことは一度もない。少なくとも、あたしの女友達は「既婚の私は勝ち、あの娘は負け」「未婚の私は負け、あの娘は勝ち」などのくだらない基準で、相手を見ていない。そういうのって言葉には出さなくても、空気で感じるやん？

結婚適齢期に到達する前に結婚をしたことを「勝った」と感じるような人は、今まで本当の勝負に勝ったことがない人なんじゃないかと思う。高級ブランドのバッグを、一般発売前に手に入れて、「勝ったわ……」と悦《えつ》にいっているのと同じ。そんなところで、勝ったただ負けただって言ってるなんて、逆に恥ずかしくないんか？　と、思ってしまう。金を出しゃ買えるものや、時期がくればいつかは現れる伴侶に、勝ち負けも適齢期もないやろ、みたいな。

あたしは思う。

「その歳で結婚してないなんて、負け組、負け犬」「まだイイ人が見つからないの？」「なんで結婚できないんだろうね」「その歳で結婚できていないんなら、年々難しくなるだろうね」とか言う、頭の悪いヤツらの古い言葉になんて、心を痛めたり、焦る必要はないよって。

結婚適齢期が人それぞれ違うってことを知らず、未婚・既婚でその人の価値を決めるような者たちと、張り合ったり戦う必要なんかない。だって、すでにこちらが不戦勝。心身ともに本当に満たされている人は、他人の勝ち負けになんて興味ないから。

誰かに〈負け〉のレッテルを貼りつけて、勝った気持ちにならなきゃいられないほど〝負けている〟のは、他ならぬその人やし。

彼がなかなかプロポーズをしてくれない、って？

歴代の恋人たちに聞きました。

「あたしにプロポーズをするのには、どれくらいの勇気がいりましたか？」

『これ以上もこれ以下もナイってなくらい、人生で1番緊張した』

――だ、そうです。

男がプロポーズをするのって、あたしたち女が考えられないくらいに緊張するものらしい。歴代の恋人たち以外に、仲良しの既婚男性にも聞いてみたけれど、やっぱりめちゃめちゃ興奮、いや違う、むちゃくちゃ緊張するらしい。

「万が一、断られたら？」

「少し考えさせて……って言われたら？」

などのネガティブな考えだけでなく、プロポーズには『男としての責任』が伴うから、それ相当の覚悟が必要なんだそうだ。だからやすやすとは言えないし、並みの勇気じゃ言えないものなんだそうだ。

が、その反面〝雰囲気〟で言えることもあるらしい。というか、雰囲気の力を借りて、ムードに背中を押してもらって――やっと言えた……というのが正直なところらしい。

付き合いが長くなれば長くなるほど「言い出しにくい」というのもあるらしいし、彼女が仕事や趣味に忙しくしている姿を見ていると「今、言うのは申し訳ないような気がする」というのもあるみたいだし、まだまだ自分には彼女の人生を背負うだけの器量も甲斐性もない、と思ったらとてもじゃないけど言えないなど、彼らが愛しの彼女にプロポーズをできない理由は、ほんとそれぞれ。

とはいえ、彼との結婚を考えている女の子側にしてみれば、プロポーズはまだいいとしても、彼に「私との結婚の意思があるのかどうかぐらいは知りたい」って感じなんやろな。

これは、男の立場に立つと「やめてくれー！」な方法なんやけど——。

彼に結婚を意識させる最も良い方法は、彼の親に会うことではないんですよ。

それよりも「私の親は、あなたとの付き合いを知っているのよ」と、匂わせる方法がオススメです。

『これ、うちの両親があなたに……って』と、何かをプレゼントするとかね。そのプレゼントは、本当に両親からの物である必要はなく、自分で買った物でオッケーです。目的は「私の親は、あなたとの付き合いを知っている」と、彼に思わせることですから。

親の存在って、あたしたちが思っている以上に大きいです。

でも、「うちの親に会ってよ」だと、彼のメンタルに与える刺激が強すぎる場合がある。だから——知られてるのよ——と、匂わせる程度がイイんです。

プロポーズは、する方も求める方も勇気がいる。

男は特に、自分と彼女との間にできるキュートな命のために、責任を持たなきゃならないから、必要とする勇気や覚悟は、きっとあたしたちの想像を超えている。

そこらへんのこと、ちょっとだけわかってあげましょ。

なんせ彼ら男は、あたしたち女より、ガラス細工のハートなんで。

「本当に彼でいいの？」——迷いが生じるマリッジブルー

一生に一度（の、つもり）の結婚なんやから、なかなか決意ができなかったり、迷いが出ても何らおかしなことはない。言い方は悪いけれど、とっかえひっかえが自由にできる恋愛ですら、時々「私は本当にこの人を好きなのかしら」と思うことがあるんやから、結婚という一大事を目の前にして、そういう気持ちが芽生えるのはごくごく普通のこと。

ドレスや式場選び、引き出物を何にするかなど、嬉々として積極的に動き回るのは、圧倒的に男より女の方だとウエディングプランナーの経験のある友達が言ってました。積極的な彼女と、そんな彼女に振り回されている感や、仕方なく付き合っている感のある彼。彼女はそんな彼の態度に誠意を感じなかったり、「本当にこの人で良いんだろうか」「本当にこのまま結婚しても良いんだろうか」と彼に結婚の意思が〝本当に〟あるのかを疑ってしまい、険悪なムードになるカップルを、とても多く見たらしいです。

その昔、あたしにプロポーズをした当時の恋人に、父がこんなことを言いました。

「男にとって結婚は現実。だけど、女にとって結婚は理想のひとつ。だから男は、せめて結婚に至るまでは、できる限り彼女の理想を叶えるお手伝いをしなければいけない。なぜなら、それも彼女を妻に迎えようと決めた男の責任のひとつだから。妻になる人のマリッジブルーを和らげてあげられるのは、夫になる人の役目だよ」

結婚――という一大行事を前に、浮き足立ってばかりではいられない男と、その日だけは世界中で最も幸せに満ちた美しい人でありたい女の間に、温度差が生まれるのは仕方のないことだと受け入れられたら、少しは気持ちも楽になると思う。

そして、女にマリッジブルーがあるように、男にも同じよ

うにマリッジブルーがあるということも知って欲しいな、と
思ったりする、今日この頃。

お見合い結婚より恋愛結婚？

お見合い結婚、ええやんか。

あたしの知り合いや友達に何人かいますけど、皆ごっつ幸せそうですよ。

お見合い結婚と恋愛結婚の大きな違いは、前者は確実に結婚が目的やけど、後者はその恋愛の延長線上に結婚があるかどうかは、フタを開けてみなけりゃわからないことぐらいじゃないか、と最近よく思います。

結婚に結びつく可能性が、極めて100に近いのがお見合い結婚で、どうなるのかわからないのが恋愛結婚なんじゃないかな、と。

「お見合いに来るような人って、必死っぽい」

「お見合いに来るような人って、結局、売れ残り」

なんて声を聞いたこともありますけど、最近のお見合いは世話人を立てないカジュアルなものも増えているらしいし、あたしたちが思っている以上にニーズがあるみたいです。

そもそも「お見合いに来るような人って、必死っぽい」「お見合いに来るような人って、結局、売れ残り」なんて、理屈を言っているだけの人に限って、理想ばかりで頭でっかち、条件で相手を選んで失敗することが多いやんか。だって結局は、お見合いの中身も、相手の中身もじっくりと知ろうとしないで、条件やイメージ先行で決めつけてかかるわけやからね。

まあ、「お見合い結婚」より「恋愛結婚」の方が、なんとなく響きがイイような気がする気持ちも、わからなくはないけどね。

デキちゃった結婚 イイ？ 悪い？

イイか悪いかは別にして、あたし個人は「デキちゃった」を、できればしたくはありません。

なぜなら、あたしは意外にロマンチストな部分があるので、「デキちゃった」から結婚をするのではなく、「どうしてもこの人がいいの！」と思った人とだけ（二度目の）結婚をしたいとか思ってんの。

親を納得させるための、**既成事実婚**。

つまりは「つくっちゃった婚」なんかも、別にねえ？　悪いことなんかじゃありませんよねえ。

周囲に、デキちゃった婚で仲良くやっている友達夫婦が少なくないせいか、デキちゃった婚に悪い印象はありませんが、彼に結婚を〝認めさせるために〟、デキちゃったを狙うのは、どうなんやろうとは思うけどね。子どもをダシに使うなよ、みたいな感じで。

あと、デキちゃったから結婚をして、数年ともたずに離婚をし、「子持ちのバツありだから、新しい出会いや再婚話がなかなかない」とかヌカしてる女には、ちょっと待てよと言いたい。

じゃあ、初めっからゴムありピルありのセックスをしろよ。子どもができたから結婚して、子どもがいるから新しい出会いがない？　ふざけんなよ。

「子どものせいにすんな。あんたの人生がうまくいかないのは、あんたのせいだ」

と、コンドーム推進委員会名誉会長のあたしは、ここ2年で7人くらいには、言ったような記憶があるな。

あとがき

「悩みは尽きないのに、なんで人は誰かを好きになるのかなあ？」

こんな純粋なことを考えた経験が、こんなあたしにもあります。

もちろん遠い遠い、1万光年くらい昔の、まだあまり汚れていなかった頃のことですが。

読者の方からいただく、悩み相談メールを読んでいると時々思う。

「こんなにも苦しいと悩んでいるのに、なんでこの娘はこの恋をやめないのかなあ？」

たぶん、理屈じゃないんやろうね。

好きだから苦しい。好きだから悲しい。でも、どうすればいいのかはわからない。

グダグダになりながらも、一生懸命に恋をしている。

この本が、そんな彼女たちの背中を、少しでも「押す」お手伝いができればいいなと思っています。

あたしは同情が大嫌いなので情け容赦《ようしゃ》なくゲキを飛ばしていますが、憎くて書いているわけではないので、サディスティックな言葉の裏に隠された、あたしなりの優しさに気づいていただけると嬉しいです。

どーか、恨まないで。

この本を書くきっかけを与えてくれたのは、あたしの数少ない貴重な読者さんの中のひとりの女の子でした。

結婚の約束をしていた彼が、親の会社の建て直しのために裕福な家庭の女の子と結婚をすることになった。

ドラマや小説だと、それでも最後はハッピーエンドで終わるケースが多いんやろうけど、現実はそうそう美しいものじゃない。泣き崩れてもおかしくない状況の中で、少しでも前向きになろうとしているその女の子に、あたしは掲示板の中で約束をしました。
「頑張ったあなたのために、いつか必ず本を書いちゃるぜ」

この本が、恋に悩むすべての女の子に、恋の前で立ち止まっているすべての女の子に、恋を失って泣き続けているすべての女の子に、少しでも「ええ恋をしてよかったな」「またいつか、ええ恋したいな」「今の彼を大切にしよう」って思ってもらえるイイ機会になれば嬉しいなと思います。

書籍化の話をくださった廣済堂出版の伊藤さん、いつもお世話になっています編集プロダクションの長尾さん、いつもステキな装丁をしてくださるこやまさん、この本を書くきっかけを与えてくれたゆきのちゃん、この本のタイトルを一緒

に考えてくれ、そして今病魔と闘っている大切な友達ナツキ、
そしてすべての読者の皆さんと、お友達と、おホモだちと、
恋人のDさんに感謝。

Love! dad ,mam,& brother

2日間お風呂に入っていない、刺激臭漂う、春乃れぃ

春乃れぃ
Haruno Rei

台湾人と日本人のハーフとして台湾に生まれ、幼少～思春期を米ロスで暮らす。少年院、クラブホステスなどを経て、女社長に。その後、SM女王などあらゆる風俗業を経験しアンダーグラウンドを極める。ケータイ書籍「恋愛博打」で作家デビュー。歯に衣着せぬ毒舌がうけ、「濡れ男」「女王様がロバに鞭」など各ケータイ書籍サイトの売上げランキングに続々とベストテン入りした。現在は、カリスマ・ケータイ作家として、ケータイ書籍、雑誌コラムなどで活躍中。
著書に『モテれ。』『魔性れ。』『濡れ男』『モテまくれ。』(モバイルメディアリサーチ)、『彼のセリフでわかる男ゴコロ』(大和出版)がある。

春乃れぃWEBSITE
http://reichdk.fc2web.com/

恋のクスリ。
ポジティブ恋愛診療室

2007年11月30日　第1版第1刷

著者
春乃れぃ

発行者
蓜 聡志

発行所
株式会社廣済堂出版
〒104-0061 東京都中央区銀座3-7-6
電話 03-3561-1160（編集部） 03-3538-7212（販売部）
Fax 03-3538-7223（販売部）
振替00180-0-164137
http://www.kosaido-pub.co.jp

編集
伊藤岳人
（廣済堂出版）

印刷・製本
株式会社廣済堂

ISBN978-4-331-51278-4　C0095